CATALOGUE

ESTAMPES

ANCIENNES ET MODERNES

ŒUVRES D'ALBERT DURER ET OSTADE
Pièces par Rembrandt, L. de Leyde, etc.

EAUX-FORTES MODERNES, PAR MERYON, MEISSONIER, ETC.

PORTRAITS

PAR BALECHOU, BEAUVARLET, CHEREAU, DAULLÉ,
MASSON, MORIN, ETC.

BELLE RÉUNION DE PORTRAITS DE FEMMES

RANGÉS PAR LETTRES ALPHABÉTIQUES

Provenant de la Collection de M. R. [Roth]

Dont la vente aux enchères publiques aura lieu

HÔTEL DES COMMISSAIRES-PRISEURS, RUE DROUOT, N° 9

SALLE N° 4

Du Lundi 1er au Samedi 6 Décembre 1879

A UNE HEURE PRÉCISE

Par le ministère de Mᵉ MAURICE DELESTRE, Commissaire-Priseur,
27, rue Drouot,

Assisté de M. CLEMENT, Marchand d'Estampes de la Bibliothèque Nationale,
rue des Saints-Pères, 3.

EXPOSITION PUBLIQUE

Le Dimanche 30 novembre 1879

DE DEUX HEURES A CINQ HEURES

—

PARIS. — 1879

CONDITIONS DE LA VENTE

Elle sera faite au comptant.

Les adjudicataires payeront *cinq pour cent* en·sus des enchères.

L'Expert, chargé de la vente, se réserve la faculté de rassembler ou de diviser les lots.

ORDRE DES VACATIONS

Lundi	**1er Décembre.**	—	Numéros..........	394 à	553
—		—	—	—	....	1 à	69
Mardi	2	—	—	—	....	554 à	719
—		—	—	—	....	70 à	140
Mercredi	3	—	—	—	....	720 à	874
—		—	—	—	....	141 à	201
Jeudi	4	—	—	—	....	875 à	1041
—		—	—	—	....	202 à	267
Vendredi	5	—	—	—	....	1042 à	1211
—		—	—	—	....	268 à	326
Samedi	6	—	—	—	....	1212 à la fin.
—		—	—	—	....	327 à	393

Paris. — Typ. PILLET et DUMOULIN, rue des Grands-Augustins, 5.

DÉSIGNATION

ESTAMPES

ALDEGRAVER (H.)

1 — Adam. 1529 (B., 9).
Belle épreuve.

2 — L'Histoire de Loth. 1555. Suite de quatre estampes (B., 14-17).
Belles épreuves.

3 — Le Jugement de Salomon. 1555 (B., 29).
Très belle épreuve.

4 — Mars (B., 76).
Belle épreuve.

5 — Vignette remplie de rinceaux d'ornements (B., 243). — Montant d'ornements (B., 245). Deux pièces.
Belles épreuves.

6 — Dessin de Grotesques. 1549 (B., 272). — Autre dessin de Grotesques. 1549 (B., 273). Deux pièces.
Belles épreuves.

ALDEGRAVER (H.) ?

7 — Rinceau d'ornements, en hauteur.
Très belle épreuve.

ALTDORFER (ALBERT)

8 — Repos en Égypte (B., 5). — Salomon adorant les Idoles (B., 4). Deux pièces.
Belles épreuves.

9 — Crucifix (B., 7).
Très belle épreuve.

10 — La Vierge (B., 12).
Belle épreuve.

11 — Saint Jérôme (B., 21).

12 — Vénus et les deux Amours (B., 32). — Vénus (B., 33). Deux pièces.
Belles épreuves.

13 — Vénus et l'Amour (B., 33 et 34). Deux compositions différentes.
Belles épreuves.

14 — Deux Satyres se battant pour une Nymphe (B., 38). — Le Triton et la Néréide (B., 39). — Lucrèce (B., 41). Trois pièces.
Belles épreuves.

15 — La Fable de la Marguerite poétique (B., 43).
Belle épreuve, mais manquant de conservation.

ALTDORFER (A.) ?

16 — Sainte portant un calice, gravure sur bois, imprimée en camaieu, portant le monogramme d'Altdorfer et la date de 1517. Non décrite.
Très belle épreuve.

ANONYME

17 — Rinceau d'ornement, avec deux Syrènes.
Belle épreuve. Rare.

BEHAM (B.)

18 — Judith (B., 4).
Superbe épreuve. Rare.

BEHAM (H.-S.)

19 — Adam et Ève. 1543 (B., 6).
Superbe épreuve.

20 — La Vierge immaculée. 1520 (B., 17).
Très belle épreuve. Rare.

21 — La Vierge au perroquet. 1549 (B., 19).
Très belle épreuve.

22 — Saint Mathieu et saint Jean (B., 40). — Saint Simon et
saint Thaddée (B., 41). Copie en contre-partie. Deux
pièces.
Belles épreuves.

23 — La Parabole de l'enfant prodigue. Suite de quatre estampes (B., 31-34).
Très belles épreuves.

24 — La Patience. 1540 (B., 138).
Très belle épreuve, avant divers travaux dans les nuages.

25 — Le Bouffon et les deux couples amoureux (B., 212).
Très belle épreuve, du 1er état, avant l'année. Très rare.

26 — La même pièce.
Très belle épreuve, du 2me état. Rare.

27 — Les Deux Bouffons (B., 213).
Très belle épreuve, du 1er état. Rare.

28 — Le Petit Bouffon. 1542 (B., 230).
Superbe épreuve.

29 — Les deux Génies. 1544 (B., 236).
Très belle épreuve.

BERAIN (J.)

30 — Arquebuserie. Suite de 8 estampes.
Superbes épreuves. Très rares.

BLONDEL (J.-F.)

31 — Fêtes célébrées à Paris, à l'occasion du mariage de Mme Élizabeth de France avec Don Philippe, infant d'Espagne. 4 pièces grand in-fol. en largeur,

BOL (F.)

32 — Portrait d'officier (B., 11). Cl. 12.
Superbe épreuve.

BOSSE (A.)

33 — César, assis sur un trône et entouré de ses généraux, reçoit les supplications des peuples de la Gaule (G. D., 1214).
Très belle épreuve. Rare.

CALLOT (J.)

34 — Le Passage de la mer Rouge (Meaume, 1).
Très belle épreuve du 1er état, plus une épreuve du 2me état, avec la partie supérieure du flot effacée, et une épreuve du 4me état. Trois pièces.

35 — Les Mystères de la Passion de Notre-Seigneur (treize compositions) — et la Vie de la Vierge (sept compositions). Suite de six estampes (31-36).
Superbes épreuves, du 1er état, avant toutes lettres, et imprimées sur trois feuilles. Le titre manque.

36 — Le Nouveau Testament (37-47).
Superbes épreuves, du 1er état, avant les inscriptions dans la marge du bas.

37 — La Sainte Famille à table (65).
Très belle épreuve, du 1er état, plus une épreuve du 2me état. Deux pièces.

38 — Saint Nicolas ou saint Séverin (140).
Bonne épreuve.

39 — L'Arbre de saint François (145).
Belle épreuve.

40 — Les Martyrs du Japon (155).
Très belle épreuve, du 1er état. Marge.

CALLOT (J.)

41 — Le Jeu de boules (623).
Très belle épreuve du 2me état.

42 — Les Supplices (665).
Superbe épreuve, du 2me état, où la statue de la Vierge est très distincte. Très rare de cette beauté. Collections Van den Zande et Thiers.

43 — La même estampe.
Très belle épreuve, du même état, marge.

44 — Les Bohémiens (667-670). Suite de quatre estampes.
Très belles épreuves, du 2me état, avec les fonds très apparents.

45 — La Petite Treille (710).
Très belle épreuve, avec marge.

CANAL (J.-B.) (d'après)

46 — Vue du spectacle que Leurs Excellences Messieurs Nicolas Michieli et Philippe Calbo, sages préposés au trésor, ont donné, par décret du Sénat, au grand-duc et à la grande-duchesse de Russie, dans le théâtre Saint-Benoît, à Venise, le 22 janvier 1782. Gravé par A. Baratti. Grande pièce en largeur.
Très belle épreuve, avec marge.

CHODOWIECKI (D.)

47 — Le Cabinet d'un peintre. Très-jolie pièce où est représenté l'artiste Chodowiecki, avec sa famille.
Très belle épreuve, avec marge.

CRANACH (Lucas)

48 — La Pénitence de saint Chrysostome (B., 1).
Belle épreuve.

DURER (Albert)

49 — Portrait d'Albert Durer, d'après Melchior Lorch.
Superbe épreuve, imprimée en clair-obscur. Rare.

DURER (Albert)

50 — *Le même*, gravé par F. Forster, d'après lui-même.
Très belle épreuve avant la lettre, sur chine, avec dédicace et signature du graveur.

51 — *Le même*, gravé par Steinla, d'après Durer.
Épreuve avant la lettre.

52 — Adam et Ève (Bartsch, 1).
Superbe épreuve. Collection Harrach. Le papier porte en filigrane la tête de bœuf.

53 — La Nativité (B., 2).
Superbe épreuve, tirée sur papier à la tête de bœuf. Collections de Férol et Thiers.

54 — La Passion de Jésus-Christ. Suite de seize estampes (B., 3-18).
Magnifiques épreuves, d'une grande égalité de tirage, avec deux centimètres de marges, à l'exception des nᵒˢ 3, 6, 12 et 15, qui sont remargés. Collections R. Dumesnil et Debois.

55 — Jésus-Christ en prière au jardin des Oliviers (B., 19).
Belle épreuve.

56 — L'Homme de douleurs aux bras étendus (B., 20).
Très belle épreuve. Collection Arozarena.

57 — L'Homme de douleurs aux mains liées (B., 21).
Belle épreuve. Rare.

58 — L'Homme de douleurs assis (B., 22).
Très belle épreuve, ayant la retouche.

59 — Crucifix. Petite planche ronde (B., 23). Original de Bartsch.
Très belle épreuve.

60 — La même estampe. Copie D. de Passavant.
Belle épreuve.

61 — La Face de Jésus-Christ (B., 25).
Superbe épreuve, avec une petite marge.

62 — La Face de Jésus-Christ (B., 26).
Gravure à l'eau-forte sur fer. Épreuve avant les taches de rouille.

DURER (ALBERT)

63 — La Trinité (B., 27).
Épreuve faible.

64 — L'Enfant prodigue (B., 28).
Très belle épreuve.

65 — Sainte Anne et la jeune Vierge (B., 29).
Très belle épreuve.

66 — La Vierge aux cheveux longs, liés avec une bandelette (B., 30).
Superbe épreuve. Très rare en aussi belle condition.

67 — La Vierge à la couronne d'étoiles (B., 31).
Superbe épreuve. Très rare en aussi belle condition.

68 — La Vierge à la couronne d'étoiles et au sceptre (B,, 32).
Très belle épreuve.

69 — La Vierge aux cheveux courts, liés avec une bandelette (B., 33).
Superbe épreuve, avec une petite marge. Elle porte au verso la signature de A. Bœrner, 1817.

70 — La Vierge allaitant l'enfant Jésus (B., 34).
Très belle épreuve. Collections Mariette et Debois.

71 — La Vierge assise, embrassant l'enfant Jésus (B., 35).
Superbe épreuve.

72 — La Vierge donnant le sein à l'enfant Jésus (B., 36).
Superbe épreuve, avec une marge de deux centimètres. Collection R. Dumesnil.

73 — La Vierge couronnée par un ange (B., 37).
Superbe épreuve, avec une petite marge.

74 — La Vierge avec l'enfant Jésus emmailloté (B., 38).
Superbe épreuve. Collection Debois.

75 — La Vierge couronnée par deux anges (B., 39).
Superbe épreuve, avec les montagnes à gauche très visibles.

76 — La Vierge assise au pied d'une muraille (B., 40).
Superbe épreuve. Collection Aroza ena.

DURER (ALBERT)

77 — La Vierge à la poire (B., 41).
Superbe épreuve, portant au verso la signature de P. Mariette, 1670.

78 — La Vierge au singe (B., 42).
Superbe épreuve, tirée sur papier à la haute couronne.

79 — La Sainte Famille (B., 43).
Ancienne épreuve.

80 — La Sainte Famille au papillon (B., 44).
Très belle épreuve.

81 — La Vierge à la porte (B., 45).
Très belle épreuve. Rare.

82 — Saint Christophe à la tête retournée (B., 51).
Très belle épreuve. Collection Arozarena.

83 — Saint Christophe (B., 52).
Superbe épreuve, avec marges.

84 — Saint Georges à pied (B., 53).
Très belle épreuve. Collection Gervaise.

85 — Saint Georges à cheval (B., 54).
Superbe épreuve, une petite déchirure dans le milieu du bas.

86 — Saint Sébastien attaché à un arbre (B., 55).
Belle épreuve.

87 — Saint Sébastien attaché à une colonne (B., 56).
Très belle épreuve, du 1er état, avant que la planche ait été remordue à l'eau-forte.

88 — La même estampe.
Très belle épreuve, du 2me état.

89 — Saint Eustache (B., 57).
Superbe épreuve. Le coin supérieur de gauche a subi quelques restaurations.

90 — Saint Antoine (B., 58).
Très belle épreuve, signée au verso P. Mariette, 1669.

91 — Saint Jérôme (B., 59).
Bonne épreuve, doublée.

DURER (ALBERT)

92 — Saint Jérôme dans sa cellule (B., 60).
Très belle épreuve.

93 — Saint Jérôme en pénitence (B., 61).
Superbe épreuve, avant la retouche, tirée sur papier au P gothique. Un peu restaurée dans le haut. Collection Arozarena.

94 — Sainte Geneviève (B., 63).
Très belle épreuve.

95 — Saint Jérôme (B., 62). — Sainte Véronique (B., 64). — Le Jugement de Pâris (B., 65). Trois pièces, épreuves de nielles.
Très belles épreuves des copies, par A. Petrak.

96 — Les Trois Génies (B., 66).
Très belle épreuve.

97 — La Sorcière (B., 67).
Superbe épreuve. Collection J. de Saint-Aubin.

98 — La Famille du Satyre (B., 69).
Superbe épreuve.

99 — Cinq Études de figures (B., 70).
Belle épreuve, mais doublée.

100 — L'Enlèvement d'Amymone (B., 71).
Superbe épreuve.

101 — Le Ravissement d'une jeune femme (B., 72).
Superbe épreuve, avant les taches de rouille.

102 — L'Effet de la Jalousie (B., 73).
Très belle épreuve, tirée sur papier à la haute couronne.

103 — La Mélancolie (B., 74).
Superbe épreuve.

104 — Le Groupe des quatre femmes nues (B., 75).
Très belle épreuve.

105 — L'Oisiveté (B., 76).
Superbe épreuve, avec une petite marge.

DURER (ALBERT)

106 — La Grande Fortune (B., 77).

Superbe épreuve, tirée sur papier à la grande couronne, un peu coupée dans le haut.

107 — La Petite Fortune (B., 78).

Très belle épreuve.

108 — La Justice (B., 79).

Superbe épreuve.

109 — Le Petit Courrier (B., 80).

Superbe épreuve. Collections Mariette et Dreux.

110 — Le Grand Courrier (B., 81).

Copie, par A. Petrak.

111 — La Dame à cheval (B., 82).

Superbe épreuve, du 1er état, avant la double ligne des montagnes derrière l'épaule droite de la femme.

112 — Le Paysan et sa femme (B., 83).

Belle épreuve.

113 — L'Hôtesse et le Cuisinier (B., 84).

Superbe épreuve. Collection Debois.

114 — L'Oriental et sa femme (B., 85).

Très belle épreuve avant la retouche, signée au verso : P. Mariette, 1668.

115 — Les Trois Paysans (B., 86).

Très belle épreuve. Collection Debois.

116 — L'Enseigne (B., 87).

Très belle épreuve, un peu restaurée dans le haut.

117 — L'Assemblée des gens de guerre (B., 88).

Belle épreuve. Collection Debois.

118 — Le Paysan du Marché (B., 89).

Superbe épreuve. Collection Arozarena.

119 — Le Branle (B., 90).

Très belle épreuve.

120 — Le Joueur de cornemuse (B., 91).

Très belle épreuve. Collection J. de Saint-Aubin.

DURER (Albert)

121 — Le Violent (B., 92),
Très belle épreuve, avant la retouche.

122 — Les Offres d'amour (B., 93).
Très belle épreuve.

123 — Le Seigneur et la Dame (B., 94).
Superbe épreuve, avant la retouche, tirée sur papier au P gothique.
Collections Revil et de Lasalle.

124 — Le Pourceau monstrueux (B., 95).
Superbe épreuve, avant la retouche.

125 — Le Petit Cheval (B., 96).
Superbe épreuve.

126 — Le Grand Cheval (B., 97).
Très belle épreuve.

127 — Le Cheval de la mort (B., 98).
Magnifique épreuve. Très rare de cette qualité.

128 — Le Canon (B., 99).
Eau-forte sur fer. Belle épreuve.

129 — Les Armoiries au Coq (B., 100).
Très belle épreuve.

130 — Les Armoiries à la Tête de mort (B., 101).
Superbe épreuve. Les deux coins supérieurs sont restaurés. Tirée sur
papier à la tête de bœuf.

131 — Albert de Mayence, vu de face (B., 102).
Superbe épreuve.

132 — Albert de Mayence, vu de profil (B., 103),
Superbe épreuve, avec marge.

133 — Frédéric, électeur de Saxe (B., 104).
Superbe épreuve. Collection Dreux.

134 — Philippe Mélanchton (B., 105).
Superbe épreuve.

135 — Pirkheimer (Bilibald) (B., 106).
Superbe épreuve.

DURER (Albert)

136 — Érasme de Rotterdam (B., 107).

Superbe épreuve. Une petite restauration dans la partie gauche de l'estampe.

137 — *Apocalypse de saint Jean.* — La Bête qui a des cornes d'agneau (B., 74). — L'Ange, qui a la clef de l'abyme et une grande chaîne, prend le dragon et l'enchaîne pour mille ans (B., 75). Deux pièces gravées sur bois.

Très rares épreuves, du 1er état, sans texte au verso.

138 — La Vierge assise tenant une pomme (B., 101).

Très-belle épreuve, avec marges. Rare en cet état.

139 — Le Siége d'une ville. En deux planches (B., 137).

Très-belle épreuve, un peu restaurée dans le bas.

140 — *Guillaume*, électeur de Saxe (B., App. des gravures sur bois, n° 43). Clair-obscur de deux planches.

Très belle épreuve.

DUVET (J.), surnommé le maître à la licorne.

141 — *Apocalypse de saint Jean.* La Bête à sept têtes et à dix cornes (B., 26).

Superbe épreuve, avec margé.

142 — *Apocalypse de saint Jean.* Jésus-Christ monté sur un cheval blanc, suivi des armées du ciel (B., 31).

Superbe épreuve.

FLAMENG (L.)

143 — La Source, d'après Ingres.

Belle épreuve, avant la lettre, sur chine.

FOKKE (S.)

144 — Représentation de la cérémonie du mariage de S. A. S. Mgr le prince de Nassau-Weilburg, avec la princesse Caroline d'Orange et Nassau, célébré le mercredi 5 mars 1760 dans l'église cathédrale de La Haye, d'après Haag. Grand in-fol.

Belle épreuve.

GELLÉE (CLAUDE), dit CLAUDE LE LORRAIN

145 — La Danse au bord de l'eau (R. D., 6).

Superbe épreuve, les bords de la planche sont raboteux. Collection Dreux.

146 — Le Bouvier (R. D., 8).

Superbe épreuve, du 2me état, avec le no 4.

147 — Le Départ pour les champs (R. D., 16).

Très belle épreuve, du 2me état. Collection Dreux.

148 — Mercure et Argus (R. D., 17).

Très belle épreuve, du 1er état, avant la raie sur la jambe d'Argus, au dessous du genou. Grandes marges.

149 — Le Temps, Apollon et les Saisons (R. D., 20).

Très belle épreuve, du 1er état, avec le trait carré du haut très finement indiqué. Grandes marges.

150 — Berger et Bergère conversant (R. D., 21).

Très belle épreuve, d'un état non décrit, avec les mots : *Con licenza de sup* à la suite de l'inscription, mais les angles aigus. Grandes marges.

151 — L'Enlèvement d'Europe (R. D., 22).

Très belle épreuve du 2me état, avec les angles aigus; la morsure de l'étau dans la marge du bas a disparu. Grandes marges.

GHEYN (J. DE)

152 — Un vieillard donnant de l'argent pour épouser une jeune fille. La Mort est derrière lui. Estampe en largeur.

Belle épreuve.

153 — Triton avec une conque.

Belle épreuve. Rare.

154 — Officier de guerre tenant une hallebarde. In-fol., d'après Goltzius.

Très-belle épreuve.

155 — Cornhert (Th.), d'Amsterdam, peintre et graveur. En buste dans un ovale.

Très-belle épreuve. Rare.

156 — Portraits d'hommes. Deux pièces.

GOLTZIUS (H.)

157 — La Vierge vue de profil, ayant sur ses genoux l'enfant Jésus, à qui Saint Joseph présente une pomme (B., 25). Superbe épreuve, sur papier du Japon, avec une petite marge. Rare.

158 — La Vierge pleurant sur le corps mort de Jésus-Christ, qui est étendu sur ses genoux (B., 41).
Superbe épreuve.

159 — Vénus et l'Amour (B. 160). Petite pièce de forme ovale.
Très-belle épreuve, avec marge. Rare.

160 — Forestus (Pierre), médecin (B., 169).
Superbe épreuve. Collection du comte de Fries.

161 — Nicquet, représenté à mi-corps (B., 177).
Très belle épreuve.

162 — Zurenus (Jean) (B., 189).
Très belle épreuve, du 1er état, avant l'écusson d'armes vers le haut de la droite.

163 — Le même portrait.
Très belle épreuve, avec l'écusson d'armes.

164 — Beerestein (Arnaud) (B., 192).
Très belle épreuve, avec une petite marge.

165 — Daventer (Nicolas de), mathématicien (B., 205).
Très belle épreuve.

166 — Un homme en buste. *God vergacht*, 1582 (B., 206).
Très belle épreuve, avec une petite marge.

167 — Un homme en buste. *Bene Agere*, etc., 1583 (B., 207).
Très belle épreuve, avec une petite marge.

168 — Le même portrait.
Très belle épreuve.

169 — Un homme en buste. *Ut cito prima*, 1585 (B., 208).
Très belle épreuve.

170 — La Faille (Noël de), capitaine hollandais (B., 212).
Très belle épreuve.

GOLTZIUS (H.)

171 — La Faille (Cornelia-Capellen, Mme de), épouse du précédent (B., 213).

    Très belle épreuve.

171 *bis* — Le même portrait.

    Belle épreuve.

JACQUARD

172 — Poignée d'une épée, — manches de couteaux. Trois pièces.

    Belles épreuves.

173 — Petits sujets pour ornementation de tabatières, montres et bijoux divers. 38 pièces.

LE BAS (J.-P.)

174 — Première et deuxième vues de l'île Barbe, d'après Olivier. Deux pièces gravées à l'eau-forte par Martini et terminées au burin par Le Bas.

    Très belles épreuves, avec marges.

LESPINASSE et DUPLESSIS-BERTAUX (d'après)

175 — Vue intérieure de Paris, représentant le port Saint-Paul, prise du quay des Ormes, vis-à-vis l'ancien bureau des Coches d'eau, gravé par Berthault.

    Superbe épreuve, avant la dédicace.

176 — Vue intérieure de Paris, représentant le port au blé, depuis l'extrémité à l'ancien marché aux veaux, jusqu'au pont Notre-Dame, gravé par Berthault.

    Superbe épreuve, avant la dédicace.

LEYDE (Lucas de)

177 — Adam et Ève fugitifs, après avoir été chassés du paradis terrestre. (B., 11).

    Très belle épreuve. Collection Arozarena.

178 — Abraham renvoyant Agar (B., 18).

    Très belle épreuve. Le coin du bas, à droite, est restauré.

LEYDE (Lucas de)

179 — Joseph racontant ses songes à Jacob (B., 19).
Très belle épreuve.

180 — David jouant de la harpe devant Saul (B., 27).
Très belle épreuve.

181 — Saint Joachim et Sainte Anne (B., 34).
Superbe épreuve.

182 — La Visitation (B., 36).
Belle épreuve, un peu restaurée.

183 — Le Baptême de Jésus-Christ (B., 40).
Très belle épreuve.

184 — Jésus-Christ apparaissant à Madeleine sous la figure
d'un jardinier (B., 77).
Superbe épreuve.

185 — La Vierge avec l'enfant Jésus, assise dans un paysage
(B., 84).
Très belle épreuve.

186 — Saint Pierre et saint Paul (B., 106).
Très belle épreuve.

187 — Saint Jérôme (B., 114).
Superbe épreuve, avec marge. Très rare en aussi belle condition.

188 — Sainte Madeleine dans le désert (B., 123).
Très belle épreuve. Collection Arozarena. Rare.

189 — Le Poète Virgile suspendu dans un panier (B., 136).
Très belle épreuve.

190 — La Dame au bois (B., 146).
Très belle épreuve.

191 — Le Chirurgien (B., 156).
Très belle épreuve.

192 — Un panneau d'ornements (B., 164).
Très belle épreuve. Collection Arozaréna.

193 — Un écusson rempli par un mascaron (B., 167).
Très belle épreuve.

LEYDE (Lucas de)

194 — La Laitière (B., 158).

Très belle épreuve. Le coin du bas, à gauche, est restauré.

195 — Dalila coupant les cheveux à Samson (B., 6), gravure sur bois.

Superbe épreuve.

MAITRE (F.-B., 1596)

196 — Dessin d'un ceinturon.

Très belle épreuve.

MASSON (Antoine)

197 — Les Disciples d'Emmaüs, d'après Titien (R. D., 5).

Belle épreuve.

MEISSONNIER (J.-L.-M.)

198 — Le Petit Fumeur.

Très belle épreuve, avec marge, sur chine.

199 — Le Polichinelle.

Belle épreuve.

200 — Groupe d'hommes. Sujet tiré de Rabelais.

Superbe épreuve, sur chine.

MEISSONNIER (J.-L.-M.), d'après.

201 — La Halte, par L. Flameng. — Le Liseur, par Carey. Deux épreuves, dont une avant l'adresse de Marchant. Trois pièces.

— Épreuves sur chine.

202 — Le Liseur. — Le Peintre. — Deux pièces gravées à l'eau-forte, par Rajon.

Belles épreuves, sur chine.

203 — Le Hallebardier, par Desclaux.

Belle épreuve avant la lettre, sur chine.

MERCURY (P.)

204 — Sainte Amélie, reine de Hongrie, d'après Paul Delaroche.

> Très belle épreuve, avant toutes lettres, sur chine. Elle porte la signature de l'artiste, avec dédicace à M. Martinet.

205 — Les Moissonneurs, d'après L. Robert.

> Très belle épreuve, avant la lettre.

MERYON (Ch.)

206 — Passerelle du Pont-au-Change, après l'incendie de 1621 (26. Cat. de l'œuvre de Meryon, par Ph. Burty. *Gazette des Beaux-Arts*, t. XIV et XV).

> Belle épreuve.

207 — Partie de la cité de Paris, vers la fin du XVIIIe siècle, sur la rive gauche de la Seine (27).

> Très belle épreuve, du 3me état, avant la lettre. Tiré à 20 exemplaires.

208 — La même estampe.

> Très belle épreuve, avec la lettre.

209 — Vue du collège Henri IV.

> Rare épreuve, du 2me état. Avec la mer dans le fond, le ciel et le groupe de maisons à gauche terminés, l'adresse de l'imprimeur et celle de l'éditeur, avec légende dans la droite de la marge du bas et avant les initiales du maître, dans le milieu du haut de l'estampe.

210 — Eaux-fortes sur Paris. (Titre.)

> Épreuve imprimée sur papier bleu.

211 — Le Stryge (35).

> Très belle épreuve, du 2me état, avant la lettre.

212 — Le Petit-Pont (36).

> Très belle épreuve, du 1er état, avant toutes lettres, avec les initiales dans le haut de la droite.

213 — L'Arche du pont Notre-Dame (37).

> Très belle épreuve, du 2me état, avant la lettre.

214 — La Galerie de Notre-Dame (38).

> Très belle épreuve, du 1er état, avec le nom et l'adresse de l'imprimeur.

MEYRON (Ch.)

215 — Tourelle de la rue de la Tixeranderie, démolie en 1851 (41).

Très belle épreuve, du 1er état, avec les initiales C. M. dans le haut de la droite.

216 — Saint-Étienne-du-Mont (42).

Très belle épreuve, du 1er état, avec les initiales C. M. dans le haut de la droite.

217 — La Pompe Notre-Dame (43).

Très belle épreuve, du 3me état. Le titre et l'inscription, après le nom de Meryon, n'ont pas été encrés.

218 — Le Pont-Neuf (45).

Très belle épreuve, du 1er état, avant les vers en bas.

219 — Le Pont au Change (46).

Très belle épreuve, du 2me état, avec le nom, l'adresse de l'imprimeur. Dans les nuages, un ballon portant le mot : Speranzo.

220 — La Morgue, 1850 (48).

Très belle épreuve, du 2me état, avec le nom de Meryon et l'adresse de l'imprimeur.

221 — Rue des Chantres (54).

Superbe épreuve, avant toutes lettres.

222 — La rue des Toiles, à Bourges (56).

Très belle épreuve, du 1er état, avec le nom de Meryon et l'adrese de l'imprimeur. On distingue à gauche un chien fouillant des immondices.

223 — Projet d'encadrement pour le portrait d'un imprimeur (72).

Épreuve du 1er état. Un lynx couché soutient le livre du Code et des Lois. Sur chine. Le portrait se trouve au milieu.

224 — La même pièce.

2me état. Le lynx a disparu et le livre est complétement ouvert, sans le portrait au milieu. Deux épreuves, une sur blanc et l'autre sur chine.

225 — Évariste Boulay-Paty (77).

Très rare épreuve, avant les initiales C. M. et l'année, sur chine.

226 — Viète (François), célèbre mathématicien (78).

Très-belle épreuve, sur chine.

MEYRON (Ch.)

227 — Nivelle (P.,) évêque de Luçon (79).
> Très belle épreuve.

228 — Besly (Jean), d'après Isaac (81).
> Très belle épreuve, sur chine.

229 — Théodore Agrippa d'Aubigné, d'après une lithographie.
> Très belle épreuve, avant toutes lettres.

230 — Portrait de M. Benjamin Fillon.
> Très belle épreuve, avant la lettre.

231 — Bizeul (Louis-Jean-Marie), gravé en 1860.
> Très belle épreuve.

232 — Lecomte (M. Casimir), gravé en 1856, d'après G. B.
> Très belle épreuve, imprimée sur vélin.

233 — René de Budrigale, sieur de Laudonnière-Sablais, d'après Crispin de Passe.
> Très belle épreuve avant la lettre, sur chine.

234 — Le même portrait.
> Très belle épreuve, avec la lettre.

MIGNOT (D.)

235 — Pendants d'oreilles, ornés de pierreries et de perles. Six pièces.
> Très belles épreuves. Rares.

OSTADE (Adrien van)

236 — Son portrait, d'après lui-même, gravé en manière noire par J. Gole.
> Superbe épreuve.

237 — Le même portrait.
> Belle épreuve.

238 — Son portrait, d'après lui-même, par C.-B. Coclers.
> Superbe épreuve avant toutes lettres et avant beaucoup de travaux.

239 — Le même portrait.
> Très belle épreuve avant toutes lettres, mais terminée.

OSTADE (ADRIEN VAN)

240 — Titre de l'œuvre gravé du maître, en huit lignes, quatre en hollandais et quatre en français.

> Deux épreuves, avec des différences dans le texte.

241 — Paysan avec une petite toque noire (Faucheux, 1) — Paysanne qui rit (F., 2.) — Deux pièces faisant pendant.

> Très belles épreuves, du 1er état, avant le trait carré et les initiales du maître. Grandes marges. Collection R. Dumesnil.

242 — Les mêmes estampes.

> Très belles épreuves, du même état, le n° 1 provient de la collection Esdaile.

243 — Les mêmes estampes.

> Contre-épreuves, du même état.

244 — Les mêmes estampes.

> Deux suites du 2me état, avec les initiales et la bordure.

245 — Paysan avec un bonnet pointu (F., 3).

> Superbe épreuve, du 1er état, avant le trait carré qui forme la bordure. Collection Arozarena.

246 — Paysan qui rit (F., 4).

> Très belle épreuve, du 1er état. Le fond est couvert de tailles triples et quadruples. La lèvre inférieure, à partir de la bouche, n'est indiquée que par quelques points.

247 — La même estampe.

> Belle épreuve, du 4me état, avant les initiales du maître. Collection Esdaile.

248 — Le Fumeur (F., 5).

> Belle épreuve, du 2me état, avant la bordure et avant le travail à la pointe sèche.

249 — La même estampe.

> Belle épreuve, du 4me état.

250 — Le Fumeur riant (F., 6).

> Très belle épreuve, du 1er état, avec les traces du grattoir très apparentes, et avant quelques travaux, notamment les tailles verticales sur l'ombre qui couvre le vêtement à droite du montant de la chaise. Collection Guichardot.

OSTADE (Adrien van)

251 — La même estampe.

Très belle épreuve, du 2me état.

252 — Boulanger sonnant du cornet pour avertir ses pratiques (F., 7).

Très belle épreuve, du 2me état, avec la bordure faible et avant de nombreux travaux, notamment sur l'ombre qui forme l'ouverture de la porte sous le coude gauche de l'homme. (Le 1er état, à l'eau-forte pure, est de la plus grande rareté.)

253 — Le Vielleur (F., 8).

Superbe épreuve, du 2me état, avec la bordure faible et avant beaucoup de travaux.

254 — La même estampe.

Très belle épreuve, du même état.

255 — La même estampe.

Très belle épreuve, du même état.

256 — L'Homme appuyé sur le bas de sa porte (F., 9).

Très belle épreuve, du 2me état, avant le léger travail à la pointe sèche, sur l'épaisseur du chassis de la porte de la cave.

257 — Le Fumeur à la fenêtre (F., 10).

Très belle épreuve, du 2me état, avec les traits de burin échappés dans la marge inférieure très apparents, et avant la troisième taille sous le chapeau. Grande marge.

258 — La Tendresse champêtre (F., 11).

Très belle épreuve, du 3me état; le chapeau de l'homme se détache à peine du fond et n'est pas encore couvert de tailles verticales régulières. Elle est rognée au trait carré et rajustée dans une bordure d'une épreuve du 2me état.

259 — La même estampe.

Très belle épreuve, du 4me état, tirée avec les travaux additionnels, notamment les tailles régulières sur le chapeau de l'homme; les doigts de sa main droite sont couverts de petits traits verticaux de pointe sèche. Collection Esdaile.

260 — L'Homme et la Femme causant ensemble (F., 12).

Superbe épreuve, du 1er état, avant beaucoup de travaux, notamment les tailles perpendiculaires sur l'habit et la main gauche de l'homme, vu de face. On ne voit que le contour des pierres formant l'arcade qui est au-dessus de la fenêtre, en haut, à droite. La bordure est faible.

OSTADE (Adrien van)

261 — Les Fumeurs (F., 13).

Très belle épreuve, du 2me état, avant le trait carré, mais avec le plat couvert de quelques tailles et son contour achevé.

262 — La même estampe.

Très belle épreuve, du même état.

263 — La Mère et les deux Enfants (F., 14).

Superbe épreuve, d'un 1er état, non décrit, à l'eau-forte pure et avec la bordure faible; les angles du cuivre sont aigus de trois côtés. Collection Guichardot. Grandes marges.

264 — La même estampe.

Belle épreuve, avec les travaux additionnels, la bordure gravée au burin et les angles du cuivre arrondis.

265 — La Cruche vide (F., 15).

Très belle épreuve, du 2me état, avec la bordure faible et avant beaucoup de travaux. Collection Dreux.

266 — La même estampe.

Belle épreuve, du 5me état. Collection Esdaile.

267 — La Poupée demandée (F., 16).

Très belle épreuve, du 2me état, avant les travaux ajoutés entre les tailles diagonales, au bord gauche supérieur de la planche.

268 — L'École (F., 17).

Très belle épreuve, du 1er état, tirée avant le travail à la pointe sèche, produisant l'effet de la manière noire. Sans marges.

269 — Le Coup de couteau (F., 18).

Belle épreuve, du 4me état, avant les tailles diagonales sur la partie ombrée du dos de l'homme qui cherche à retenir un des combattants.

270 — Les Harangueurs (F., 19).

Superbe épreuve, du 3me état.

271 — Gueux au dos courbé (F., 20).

Très belle épreuve, du 1er état, avant la bordure gravée au burin.

272 — La même estampe.

Belle épreuve, du 2me état. Collection Esdaile.

273 — Gueux debout, les mains derrière le dos (F., 21).

Très belle épreuve, du 1er état, avant la bordure.

OSTADE (ADRIEN VAN)

274 — Gueux enveloppé d'un manteau (F., 22).
Superbe épreuve, du 1er état, avant le trait carré. Petite marge.

275 — La même estampe.
Très belle épreuve, du 2me état, avec la bordure, mais avant les travaux à la pointe sèche sur l'épaule. Collection Esdaile.

276 — La Grange (F., 23).
Très belle épreuve, du 2me état. Dans le coin du bas, à droite, entre la roue et la bordure, il y a une place où l'eau-forte n'a pas mordu, ce qui forme une sorte de tache. Le trait carré est fin.

277 — Homme et Femme marchant ensemble (F., 24).
Très belle épreuve, du 1er état, avant le trait carré.

278 — Le Fumeur et le Buveur (F., 24 A.).
Très belle et rare épreuve, du 1er état, à l'eau-forte pure.

279 — La Dévideuse à la porte de sa maison (F., 25).
Très belle épreuve, du 3me état, tirée avant divers travaux, notamment les tailles horizontales au-dessus du genou gauche de la femme.

280 — Les Pêcheurs (F., 26).
Superbe épreuve, du 2me état, avec les travaux sur le ciel. La bordure est fine. Marge.

281 — Le Savetier (F., 27).
Belle épreuve, d'un état intermédiaire entre le 2me et le 3me état, avec les travaux ajoutés au 3me état, mais avant le trait carré fortement rentré au burin. Une déchirure dans le haut de la droite.

282 — Trois Figures grotesques (F., 28).
Très belle épreuve, du 1er état, à l'eau-forte pure.

283 — La même estampe.
Très belle épreuve, du 2me état, avant le travail à la pointe sèche, produisant l'effet de la manière noire. La bordure a été renforcée. Marge.

284 — La même estampe.
Très belle épreuve, du même état.

285 — Le Marchand de lunettes (F., 29).
Très belle et rare épreuve, du 1er état, à l'eau-forte pure.

OSTADE (ADRIEN VAN)

286 — La même estampe.

Magnifique épreuve, du 2ᵐᵉ état, avec quelques travaux pour donner plus d'effet à la planche, mais avant que la bordure ait été renforcée. Grandes marges.

287 — La même estampe.

Très belle épreuve, du même état.

288 — La même estampe.

Belle épreuve, du 3ᵐᵉ état, avec le trait de bordure renforcé au burin, mais avant les travaux à la pointe sèche, produisant l'effet de la manière noire.

289 — La même estampe.

Belle épreuve, du même état.

290 — La Chanteuse (F., 30).

Très belle épreuve, du 4ᵐᵉ état. Sur l'épaule du joueur de violon il y a des tailles obliques très légères; le bonnet de l'homme qui tient le verre est couvert de tailles dans toute sa largeur; la bordure est régulière et double, surtout en bas. Belle marge.

291 — La même estampe.

Très belle épreuve, du 5ᵐᵉ état, tirée avant les divers travaux, notamment le travail serré à la pointe sèche produisant l'effet de la manière noire. Collections Saint et Van den Zande.

292 — La Fileuse (F., 31).

Belle épreuve, du 1ᵉʳ état, avant les tailles diagonales sous le ventre du cochon couché. Le trait carré est légèrement exprimé. Rognée au trait carré.

293 — La Fileuse (F., 31).

Très belle épreuve, du 2ᵐᵉ état, avec les tailles diagonales sous le ventre du cochon couché, mais avant les tailles serrées à la pointe sèche produisant l'effet de la manière noire, sur la grande fenêtre de l'étable à porcs.

294 — La même estampe.

Très belle épreuve, du même état.

295 — La même estampe.

Contre-épreuve, du même état.

296 — La même estampe.

Très belle épreuve, du 3ᵐᵉ état, avec divers travaux additionnels, mis avant que le trait ait été renforcé.

OSTADE (Adrien van)

297 — Le Peintre (F., 32).

Très belle épreuve, du 4me état, avec les vers dans la marge du bas et le mot *Aufferet*, écrit avec deux *r*, et avant que le bonnet du peintre ait été diminué de hauteur. Collection Dreux.

298 — La même estampe.

Très belle épreuve, du 5me état, avec le mot *Aufferet* écrit avec un seul *r*, aussi avant que le bonnet du peintre ait été diminué de hauteur.

299 — Le Père de famille (F., 33).

Superbe épreuve, du 1er état, avant que le trait carré ait été renforcé.

300 — Le Bénédicité (F., 34).

Très belle épreuve, du 1er état, avant que la tête du paysan ait été couverte d'une calotte. Sans marge. Collection Dreux.

301 — L'Épouilleuse (F., 35).

Superbe épreuve, d'une estampe rare.

302 — Le Rémouleur (F., 36).

Superbe épreuve, du 1er état, avec le trait carré légèrement exprimé et avant divers travaux à la pointe sèche, notamment dans l'ombre qui est sous le bras gauche du rémouleur.

303 — La même estampe.

Très belle épreuve, du même état.

304 — L'Homme conversant avec la Femme (F., 37).

Superbe épreuve, du 1er état, à l'eau-forte pure, avant que partie du contour du chapeau, du manteau et de la jambe droite ait été indiqué. Marge.

305 — Les Musiciens ambulants (F., 38).

Superbe et rare épreuve, du 2me état, avant que le trait carré, très légèrement exprimé au burin, ait été renforcé.

306 — Le Tric-Trac (F., 39).

Très belle épreuve, du 1er état, avant que les ombres du fond, dans toute l'estampe, aient été couvertes de tailles très serrées à la pointe sèche.

307 — Les Deux Commères (F., 40).

Superbe épreuve, du 2me état. La tache, semblant provenir d'une crevasse, qui se voit près du menton de la femme qui est à gauche, est très apparente. Le trait carré a été renforcé. Collection R. Dumesnil. Grande marge.

OSTADE (Anrien van)

308 — Le Charcutier (F., 41).

Superbe épreuve, du 1er état, à l'eau-forte pure, avec la bordure très légèrement indiquée et le ciel non raccordé. Marge.

309 — Le Paysan payant son écot (F., 42).

Très belle épreuve, du 3me état, avant les tailles diagonales ajoutées depuis sur plusieurs parties du fond, notamment entre l'homme assis et le manteau de la cheminée, mais avec les tailles horizontales sur le linge qui est au-dessus du lit. Sans marge.

310 — Le Charlatan (F., 43).

Très belle et rare épreuve, du 1er état, à l'eau-forte pure, avant la bordure et les changements. Dans le fond, à gauche, on voit un homme et un jeune garçon en marche, et au-delà une chaumière.

311 — La même estampe.

Très belle épreuve, du 2me état, avec la bordure et un groupe de quatre enfants placés entre la bordure gauche et la femme, mais avant les travaux à la pointe sèche sur les ombres dans différentes parties de la planche, notamment sur le dos de la femme et sur le ventre du charlatan. Collection W. Esdaile.

312 — Le Joueur de violon bossu (F., 44).

Très belle épreuve, du 1er état, avec la bordure tracée au burin. Le toit qui est en haut, à gauche, n'est ombré que faiblement. Le contour du panier, en bas, à gauche, n'est pas visible et est remplacé par une espèce de tache.

313 — La même estampe.

Très belle épreuve, du même état.

314 — Le Violon et le petit vielleur (F., 45).

Très belle épreuve, du 2me état, avant un grand nombre de travaux, notamment les contre-tailles diagonales sur l'homme assis devant la porte de la maison et sur le terrain, entre cet homme et le tonneau. La bordure est renforcée au burin.

315 — La Famille (F., 46).

Superbe épreuve, du 1er état, à l'eau-forte pure. Un peu rognée dans la gravure. Collection Esdaile.

316 — La même estampe.

Très belle épreuve, du 4me état, poussée à l'effet, mais avant les traits fins et serrés à la pointe sèche sur les ombres qui sont au-dessus des lignes et autour de la petite échelle. Grande marge.

OSTADE (Adrien van)

317 — La même estampe.

Très belle épreuve, du 6me état.

318 — La Fête sous la treille (F., 47).

Très belle épreuve, du 2me état, avant un grand nombre de travaux, notamment les contre-tailles sur le pignon de la troisième maison, derrière la femme qui danse et avant que le trait carré ait été renforcé au burin. Manque de fraîcheur. Collection Camberlyn.

319 — La même estampe.

Très belle épreuve, du même état. Manque de conservation.

320 — La même estampe.

Très belle épreuve, du 3me état, avec le trait carré renforcé au burin, mais avant tous les autres travaux ajoutés depuis. Rare.

321 — La Fête sous le grand arbre (F., 48).

Superbe épreuve, du 1er état, avant que les traits diagonaux, au-dessus de l'arbre devant le clocher, aient été effacés.

322 — La Danse au cabaret (F., 49).

Très belle épreuve, du 5me état, avec la manière noire.

323 — Le Goûter (F., 50).

Très belle épreuve, du 3me état, avant beaucoup de travaux, notamment les contre-tailles sur le dossier de la chaise, sur le bonnet de la petite fille, etc. La bordure est fine.

324 — La même estampe.

Très belle épreuve.

325 — Le Fumeur et la Fumeuse (F., 52).

Très belle épreuve.

PANNELS, SCHUT et SWANEWELT

326 — Élie, auquel un Ange apporte la subsistance dans le Désert. — Bacchanale, deux pièces d'après Rubens. — Bacchus et des Enfants. — Paysage, etc., cinq pièces.

PENCZ (G.)

327 — Abraham servant les trois anges (B., 2). — Sujets de l'histoire de Tobie (B., 13, 16, 17 et 18), six pièces. Le numéro 18 est double, un peu rogné à droite.

Très belles épreuves.

PENCZ (G.)

328 — L'Histoire de Joseph. Suite de quatre estampes (B., 9-12).

Superbes épreuves.

329 — Sujets de la Vie de Jésus-Christ (B., 34-36-37-38-39-40-43-44-54). Neuf pièces.

Très belles épreuves.

330 — Sujet de l'Histoire romaine, en largeur (B., 79).

Très belle épreuve, avec petite marge.

331 — Artemise (B., 83).

Très belle épreuve.

332 — Les Six Triomphes décrits par Pétrarque. Suite de six estampes (B., 117-122).

Très belles épreuves.

333 — Le Triomphe de l'Amour (B., 117).

Belle épreuve.

REMBRANDT VAN RYN (P.)

334 — Portrait de Rembrandt au bonnet rond et fourré (B., 16. — Cl., 16. Ch. Bl., 223).

Très belle épreuve. Collections Galichon et Arozarena.

335 — Rembrandt au bonnet orné d'une plume (B. et Cl. 20. — Ch. Bl., 233).

Très belle épreuve. Collection Bohm.

336 — Rembrandt en ovale (B. et Cl., 23. — Ch. Bl., 232).

Très belle épreuve, du 3me état, avec marge.

337 — Rembrandt aux cheveux courts et frisés (B. et Cl., 26. — Ch. Bl., 216).

Très belle épreuve, du 1er état.

338 — Rembrandt avec trois crocs (B., 349. — Cl., 28. — Ch. Bl., 224).

Très belle épreuve.

REMBRANDT VAN RYN (P.)

339 — Agar renvoyée par Abraham (B., 30. — Cl., 37. —
Ch. Bl., 3).

Très belle épreuve.

340 — Jacob pleurant la mort de son fils Joseph (B., 38. —
— Cl., 42. — Ch. Bl., 10).

Superbe épreuve. Collection Arozarena.

341 — Joseph et la Femme de Putiphar (B., 39. — Cl., 43. —
Ch. Bl., 11).

Belle épreuve.

342 — Le Triomphe de Mardochée (B., 40. — Cl., 44. — Ch.
Bl., 12).

Superbe épreuve, avec beaucoup de manière noire. Collections Defresne,
Debois et Dreux.

343 — David priant Dieu (B., 41. — Cl., 45. — Ch. Bl., 13).

Très belle épreuve, du 1er état.

344 — Fuite en Égypte (B., 56. — Cl., 60. — Ch. Bl., 29).

Belle épreuve.

345 — Retour d'Égypte (B., 60. — Cl., 64. — Ch. Bl., 38).

Très belle épreuve, chargée de manière noire. Rare.

346 — Jésus-Christ au milieu des Docteurs (B., 64. — Cl., 68.
Ch. Bl., 35).

Belle épreuve.

347 — Jésus-Christ prêchant, ou la Petite Tombe (B., 67. —
Cl., 71. — Ch. Bl., 39).

Superbe épreuve, avant que les travaux à la pointe sèche aient été
ébarbés. L'homme coiffé d'un turban, debout sur le devant, à gauche, a
le bras droit et partie de son manteau fort poussés au noir. Collection
Dreux.

348 — Le Denier de César (B., 68. — Cl. 72. — Ch. Bl., 42).

Très belle épreuve, sur papier du Japon.

349 — La Samaritaine (B., 71. — Cl., 75. — Ch. Bl., 46).

Très belle épreuve.

REMBRANDT VAN RYN (P.)

350 — Descente de croix, au flambeau (B., 83. — Cl., 87, — Ch. Bl., 58).

Superbe épreuve, avec beaucoup de barbes.

351 — Les Disciples d'Emmaüs (B., 87. — Cl., 91. — Ch. Bl., 63).

Superbe épreuve, du 1er état. Les rayons autour de la tête de Jésus-Christ, ainsi que le chapeau du disciple qui est à droite, ont manqué à l'eau-forte. Sur papier du Japon.

352 — Le Retour de l'Enfant prodigue (B., 91. — Cl., 95. — Ch. Bl., 43).

Très belle épreuve. Collection Gervaise.

353 — Pierre et Jean à la porte du Temple (B., 94. — Cl., 97. — Ch. Bl., 66).

Superbe épreuve, du 2me état, avant l'ombre du bas de la partie droite de l'estampe. Elle a une petite marge et porte au verso la signature de P. Mariette, 1687.

354 — L'Étoile des Rois (B., 113. — Cl., 115. — Ch. Bl., 85).

Très belle épreuve.

355 — Les Musiciens ambulants (B., 119. — Cl. 121. — Ch. Bl., 90).

Belle épreuve, du 1er état, avant les tailles sur la poitrine de l'enfant.

356 — Le Vendeur de mort-aux-rats (B., 121. — Cl., 123. — Ch. Bl., 95).

Très belle épreuve.

357 — Le Petit Orfèvre (B., 123. — Cl., 125. — Ch. Bl., 94).

Très belle épreuve, avec une petite marge.

358 — Le Joueur de cartes (B. et Cl., 136. — Ch. Bl., 104).

Très belle épreuve, avec marge.

359 — Vieillard vu par le dos (B., 143. — Cl., 142. — Ch. Bl., 109).

Belle épreuve.

360 — La Femme à la calebasse (B., 168. — Cl., 165. — Ch. Bl., 132).

Belle épreuve.

REMBRANDT VAN RYN (P.)

361 — Homme nu, assis (B., 193. — Cl., 190. — Ch. Bl., 158).
Superbe épreuve.

362 — Femme nue les pieds dans l'eau (B., 200. — Cl., 197 — Ch. Bl., 164).
Superbe épreuve, sur papier du Japon. Teintée d'impression par le maître.

363 — La même estampe.
Superbe épreuve, sur papier du Japon.

364 — Vénus au bain (B., 201. — Cl., 198. — Ch. Bl., 165).
Très belle épreuve, avec une petite marge.

365 — Ancienne vue d'Amsterdam (B., 210. — Cl., 207. — Ch. Bl., 313).
Très belle épreuve, avec une petite marge. Collection Arozarena.

366 — Le Chasseur (B., 211. — Cl., 208. — Ch. Bl., 314).
Superbe épreuve. Collection Arozarena.

367 — La Chaumière au grand arbre (B., 226. — Cl., 223. — Ch. Bl., 326).
Très belle épreuve.

368 — Homme sous une treille (B., 257. — Cl., 254. — Ch. Bl., 262).
Très belle épreuve.

369 — Homme avec chaîne et croix (B., 261. — Cl., 258. — Ch. Bl., 257).
Très belle épreuve, du 2me état, avant le prolongement des travaux du fond.

370 — Vieillard à grande barbe et bonnet fourré (B., 262. — Cl., 259. — Ch. Bl., 270).
Très belle épreuve, avec une petite marge.

371 — Homme à barbe courte et bonnet fourré (B., 263. — Cl., 260. — Ch. Bl., 267).
Superbe épreuve, du 3me état, avant que la planche ait été coupée. Elle a une petite marge. Collections du comte de Fries et Arozarena.

REMBRANDT VAN RYN (P.)

372 — Linden (Jean-Antonides Van der) (B., 264. — Cl., 261. — Ch. Bl., 181).

Très belle épreuve, avec marge.

373 — Vieillard à barbe carrée (B., 265. — Cl., 262. — Ch. Bl., 274).

Très belle épreuve, du 1er état, avant que la bouche du personnage ait été mieux exprimée. Marge.

374 — Silvius (Janus), ministre d'Amsterdam (B., 266. — Cl., 263. — Ch. Bl., 186).

Très belle épreuve.

375 — Menasseh-Ben-Israël (B., 269. — Cl., 266. — Ch. Bl., 183).

Belle épreuve.

376 — Jonghe (Clément de) (B., 272. — Cl., 269. — Ch. Bl., 180).

Superbe épreuve, du 4me état.

377 — Portrait du jeune Haaring (B., 275. — Cl., 272. — Ch. Bl., 179).

Belle épreuve.

378 — Lutma (Jean), orfèvre (B., 276. — Cl., 273. — Ch. Bl., 182).

Magnifique épreuve, du 3me état, sur papier du Japon.

379 — Asselyn (Jean), peintre (B., 277. — Cl., 274. — Ch. Bl., 171).

Superbe épreuve, sur papier du Japon. Collection J. Barnard.

380 — Bonus (Ephraïm), médecin, dit le Juif à la rampe (B., 278. — Cl., 275. — Ch. Bl., 172).

Superbe épreuve, avec une petite marge rajoutée.

381 — Première Tête orientale (B., 286. — Cl., 283. — Ch. Bl., 173).

Très belle épreuve. Collection Debois.

REMBRANDT VAN RYN (P.)

382 — Seconde Tête orientale (B., 287. — Cl., 284. — Ch. Bl., 288).
> Très belle épreuve. Collections Mariette et Bohm.

383 — Vieillard à grande barbe (B., 290. — Cl., 287. — Ch. Bl., 286).
> Très belle épreuve.

384 — Homme avec bonnet (B., 307. — Cl., 303. — Ch. Bl., 264).
> Superbe épreuve.

385 — Vieillard à barbe carrée (B., 313. — Cl., 309. — Ch. Bl., 269).
> Superbe épreuve. Rare.

386 — Homme à moustaches et grand bonnet (B., 321. — Cl., 314. — Ch. Bl., 266).
> Très belle épreuve.

387 — Vieillard à large barbe carrée (B., 325. — Cl. 318. — Ch. Bl., 282).
> Belle épreuve. Collections Aylesford et Arozarena.

388 — La Liseuse (B., 345. — Cl., 355. — Ch. Bl., 242).
> Superbe épreuve, du 1er état, avant que le nez ait été grossi et allongé. Collection Garret.

389 — Vieille qui dort (B., 350. — Cl., 340. — Ch. Bl., 244).
> Superbe épreuve. Très rare.

SAINT-AUBIN (G. DE)

390 — Convalescence du Dauphin, allégorie (P. de B., 3).
> Très belle épreuve, du 1er état. Rare.

SORDOT (G.)

391 — Petits sujets, gravés en silhouette, sur fonds noirs, sur une même feuille. Rare.
> Belle épreuve.

VELDE (J.-V.)

392 — L'Étoile des Rois, d'après P. de Molyn.
Très belle épreuve.

WILKIE (D.)

393 — Enfants jouant avec un chien. — La Lecture. Deux pièces gravées à l'eau-forte.
Belles épreuves, sur chine.

PORTRAITS

AUDRAN (Charles)

394 — *Joyeuse* (R. P. Angelus de). (Le Bl., 283). — *Renty* (Gaston-Jean-Baptiste de), baron de Landilles, d'après Chauveau (Le Bl., 292). Deux pièces in-4 et in-8.
Belles épreuves.

AUDRAN (Gerard)

395 — *Limoges* (Guillaume de), fameux chanteur des rues. R. D., 68 (Le Bl., 248). In-fol.
Belle épreuve.

AUDRAN (Benoit Ier)

396 — *Beringhen* (Henri de), gouverneur des citadelles de Marseille, d'après Nanteuil. In-fol. (Le Bl. 242).
Très belle épreuve, du 1er état.

397 — Le même portrait.
Très belle épreuve, du 2me état. Le personnage est couvert d'une armure.

398 — *Bignon* (Jean-Paul), abbé de Saint-Quentin, d'après Vivien, in-fol. (Le Bl., 244).
Très belle épreuve, avant la bordure.

399 — Le même portrait.
Très belle épreuve, avec la bordure et avec la dédicace changée. Marge.

AUDRAN (Benoit 1er)

400 — *Colbert* (J.-Bapt.), ministre d'État, d'après Cl. Lefebvre (Le Bl., 245).

> Belle épreuve.

401 — *Frisching* (Samuel), d'après Joh. Rod. Huber. In-fol.
(Le Bl., 250).

> Belle épreuve.

402 — *Clemens* (Josephus), archevêque de Cologne, d'après
Vivien, in-fol. (Le Bl., 251),

> Très belle épreuve, du 1er état non décrit, avant toutes lettres et avant
> beaucoup de travaux.

403 — Le même portrait.

> Très belle épreuve, avec la lettre.

404 — *Laud* (Guillaume), d'après Van der Werf (Le Bl., 252).
— Le Goux de la *Berchère* (Charles), d'après Bon Boullon-
gne (Le Bl., 253). — Monck (George), d'après Van der
Werff (Le Bl., 254). Trois portraits in-fol.

> Belles épreuves.

405 — *Willading* (J.-F.-A.), bourgmestre de la ville de Berne
(Le Bl., 259). In-fol.

> Belle épreuve, avec marge.

AUDRAN (J.)

406 — *Jacques II*, roi d'Angleterre, d'après Van der Werff
(Le Bl., 348). — Baillet (Adrien), Prêtre (Le Bl., 350).
Deux portraits in-fol.

> Belles épreuves.

407 — *Clément d'Affincourt* (Pierre), d'après H. Rigaud (Le
Bl., 354).

> Très rare épreuve, du 1er état non décrit, avant que le plan de Dun-
> kerque ait été gravé sur la carte que tient le personnage et avant beaucoup
> d'autres travaux.

408 — Le même portrait.

> Très belle épreuve, du 1er état décrit, avant toutes lettres et avant
> l'inscription sur le plan.

AUDRAN (J.)

409 — Le même portrait.

Deux très belles épreuves avec la lettre, dont une avec grandes marges.

410 — *Estrées* (J. d'), d'après Rigaud (Le Bl., 358).

Belle épreuve, du 1er état. Le personnage n'est pas encore décoré de l'ordre du Saint-Esprit.

411 — *Karg* (J.-F.), d'après Vivien (Le Bl., 365). — *Pardaillon de Gondrin*, duc d'Antin, d'après Rigaud (Le Bl., 369). Deux portraits in-fol. et in-8.

Belles épreuves.

AUDRAN (Benoit II)

412 — *Blaise* (Frère), feuillant, d'après de Troy (Le Bl., 25). In-fol.

Très belle épreuve, avec marges.

413 — *Jubé* (Jacques), curé d'Asnières, d'après Brant (Le Bl., 30). — *Montfaucon* (Dom B. de), d'après Gueslin (Le Bl., 31). Deux portraits in-fol.

Belles épreuves.

AUDRAN (K.)

414 — *Spinola* (le B. h. Charles) (Le Bl., 299). Pièce très-rare décrite par Leblanc d'après les notes de Mariette.

Belle épreuve.

BALECHOU (J.-J.)

415 — Sainte Geneviève, d'après C. Vanloo.

Superbe épreuve avant toutes lettres et les armes. Les marges sont couvertes d'essais de burin.

416 — La même estampe.

Très belle épreuve avec la lettre, mais avant les raies sur la lettre et avant que le jupon ait été allongé.

417 — Portrait en buste d'un Évêque, vu à travers une croisée, ornementé d'une draperie ; au-dessous un écusson pour recevoir les armes, resté en blanc. In-fol., non décrit.

Très belle épreuve avant la lettre. Rare.

BALECHOU (J.-J.)

418 — *Aved* (Anne-Charlotte Gauthier de Loiserolle, femme du peintre), d'après Aved (Le Bl., 43).
Belle épreuve.

419 — *Loiserolle* (M^llo), sœur de Mme Aved, d'après Aved (Le Bl., 44).
Très belle épreuve.

420 — *Begon* (Scipion-Jérôme), évêque et comte de Toulouse. In-4. Portrait rare, non décrit par Leblanc.
Belle épreuve.

421 — *Brühl* (Henri, comte de), d'après L. Silvestre (Le Bl., 45. In-fol.
Belle épreuve.

422 — *Châteauroux* (la duchesse de), sous la figure de la force, d'après Nattier (Le Bl., 46). In-fol.
Belle épreuve.

423 — *Colbert* (Charles-Joachim de), évêque, d'après Raoux (Le Bl., 47). In-8. Deux épreuves, dont une avec l'adresse d'Odieuvre.

424 — *Cossé-Brissac* (Timoléon de), évêque de Condom, d'après Tournières. In-fol., non décrit.
Superbe épreuve avant toutes lettres et avant les armes.

425 — *Coypel* (Charles), d'après lui-même (Le Bl., 48. In-fol.
Très belle épreuve.

426 — *Crébillon* (Prosper-Jolyot de), d'après Aved (Le Bl., 49). In-fol.
Très belle épreuve, avec marges.

427 — Le même portrait, gravé une seconde fois, de format in-4 (Le Bl., 50).
Très belle épreuve, grandes marges.

428 — *Crillon* (Louis de Balde de Berton de), d'après Van Dyck (Le Bl., 51). — Louis, dauphin de France, d'après Tocqué (Le Bl., 54). Deux portraits in-8.

BALECHOU (J.-J.)

429 — *Philippe* (Dom), infant d'Espagne, d'après Vialy (Le Bl., 52). In-fol.

Très belle épreuve, avec marges.

430 — *Gaillard* (Pierre-Joseph-Laurent de), graveur amateur, d'après Van Loo (Le Bl., 55). In-fol.

Très belle épreuve.

431 — *Grillot* (Jacques-Gabriel), abbé de Pontignac, d'après J. Autreau (Le Bl., 56). In-fol.

Très belle épreuve, avec marges.

432 — *Julienne* (Jean de), directeur des Gobelins, d'après de Troy (Le Bl., 57). In-fol.

Très belle épreuve, avec marges.

433 — *La Popelinière* (Alex.-Jean-Joseph le Riche de), d'après L. Vigée (Le Bl., 59). In-fol.

Très rare épreuve avant toutes lettres et avant beaucoup de travaux. L'inscription sur le cartouche est manuscrite. Manque de conservation.

434 — Le même portrait.

Belle épreuve avec la lettre.

435 — *Linyères* (Bertrand-Claude Taschereau de), d'après Aved (Le Bl., 60). In-fol.

Très rare et superbe épreuve, avant toutes lettres.

436 — *Mézeray* (François-Eudes), d'après Paillet (Le Bl., 61).
Deux épreuves, dont une avec l'adresse d'Odieuvre.

437 — *Néel de Christot* (Louis-François), évêque de Séez, d'après Aved (Le Bl., 62). In-fol.

Très belle épreuve.

438 — *Orange* (Guillaume-Charles-Henri Friso, prince d'), d'après Aved (Le Bl., 63).

Belle épreuve, avec marges.

439 — *Parme* (Louise-Élizabeth, duchesse de), sous la figure de la Terre, d'après Nattier (Le Bl., 64). In-fol.

Très belle épreuve, marge.

BALECHOU (J.-J.)

440 — *Petit* (Jean-Louis), chirurgien, d'après Vigée (Le Bl., 65). In-8. Deux épreuves, dont une très-rare, avant toutes lettres, et l'autre avec l'adresse d'Odieuvre.

Très belles épreuves.

441 — *Auguste III*, roi de Pologne, d'après Rigaud (Le Bl., 66). Très belle épreuve.

442 — Le même portrait.

Belle épreuve.

443 — *Porée* (Charles), d'après Neilson (Le Bl., 67). In-4. Deux épreuves, une d'un premier état, non décrit, avec l'adresse du graveur et l'autre avec l'adresse de Buldet.

Belles épreuves.

444 — *Réaumur* (René-Antoine Ferchault de). In-4. (Le Bl., 68). Pièce rare.

Très belle épreuve.

445 — *Robien* (Christophe-Paul de), d'après Huguet (Le Bl., 69). In-fol.

Très belle épreuve.

446 — *Rohan* (Marie de), d'après Ferdinand (Le Bl., 70). — Soanen (Jean), évêque, d'après Raoux (Le Bl., 73). — Varin (Jean), d'après Cl. Lefèvre (Le Bl., 74). Six épreuves de ces trois portraits en différents états.

447 — *Rollin* (Charles), d'après Ch. Coypel (Le Bl., 71). In-fol.
Très belle épreuve, du 1er état, avant l'adresse dans la marge.

448 — Le même portrait.
Très belle épreuve, du 2me état, avec l'adresse de Poilly.

449 — Le même portrait.
Belle épreuve, du 3me état, avec l'adresse de Desnos.

450 — *Salvador* (Jean-François de), d'après Sauvan (Le Bl., 73). In-fol.

Belle épreuve.

BALECHOU (J.-J.)

451 — *Voltaire* (François-Marie Arouet de). Deux portraits différents, d'après de La Tour et Liotard (Le Bl., 75-76). In-8.

Belles épreuves.

BALECHOU et CATHELIN

452 — Latone vengée, grand paysage. In-fol., en largeur, d'après Lauri. Deux épreuves dont une avant toutes lettres et l'autre avec la lettre, grandes marges.

BARON (B.)

453 — *Charles Ier*, roi d'Angleterre, à cheval et accompagné du duc d'Epernon, d'après Van Dyck. In-fol.

Belle épreuve.

454 — *Georges*, prince de Galles, portrait équestre, d'après Adolphe, 1755. Grand in-fol.

Belle épreuve.

455 — *Jean*, comte de Nassau et sa famille. Grand in-fol., d'après Van Dyck.

Belle épreuve.

BEAUFRÈRE (P.)

456 — *Beauvillier* (François de), duc de Saint-Aignan, premier gentilhomme de la Chambre. Grand in-fol.

Très belle épreuve. Rare.

BEAUVARLET (J.-F.)

457 — *La Confidence. — La Sultane* (Le Bl., 67 et 68). Deux pièces faisant pendant, d'après Vanloo.

Très belles et rares épreuves, du 1er état, avant toutes lettres.

458 — *La Confidence*, d'après Vanloo.

Très belle épreuve, du 1er état, avant toutes lettres.

459 — *Bandieri de Laval* (M.-J.), maître à danser des enfants de France, d'après Drouais (Le Bl., 91). In-4.

Très belle épreuve. Rare.

BEAUVARLET (J.-F.)

460 — *Barry* (Madame la comtesse dn), d'après Drouais (Le
Bl., 92). In-fol.

> Superbe épreuve, avant la lettre, grandes marges. Très rare en aussi
> belle condition.

461 — *Béthune* (Les fils du duc de), s'amusant à faire jouer
un chien sur une guitare, d'après Drouais (Le Bl., 94).
In-fol.

> Très belle épreuve, grandes marges.

462 — *Bouchardon* (Edme), sculpteur français, d'après Drouais
(Le Bl., 95). In-fol.

> Superbe épreuve, du 1er état, avant toutes lettres

463 — Le même portrait.

> Très belle épreuve avec la lettre. Marges.

464 — *Bourgogne* (Louis-Joseph-Xavier, duc de), d'après
Fredou (Le Bl., 97). In-8.

> Belle épreuve.

465 — *Clairon* (Hippolyte de La Tude), célèbre tragédienne,
dans le rôle de Médée, d'après C. Vanloo. Grand in-fol.

> Superbe épreuve, avant toutes lettres. Quelques déchirures.

466 — Le même portrait.

> Belle épreuve.

467 — *Chaumont de la Galaisière* (Ant.-M. de), chancelier du
roi de Pologne (Le Bl., 100). — *Desmaretz* (Ph.-Onuphre).
théologien et confesseur du roi, d'après Jouffroy (Le Bl.,
103). Deux portraits. In-fol.

> Belles épreuves.

468 — *Ducluzel* (François-Pierre), marquis de Montpipeau,
intendant de Tours en 1766, d'après Roslin (Le Bl., 105).
In-fol.

> Très belle épreuve, avant les noms du personnage sur la tablette. Le
> nom qui s'y trouve manuscrit est de l'écriture du roi Louis-Philippe.

469 — Le même portrait.

> Très belle épreuve, du même état, avec marges.

BEAUVARLET (J.-F.)

470 — Madame *Adélaïde* de France, fille de Louis XV, sous la figure de *L'Air*, d'après Nattier (Le Bl., 106). In-fol.

Superbe et très rare épreuve, avant toutes lettres. Marges.

471 — Charles-Philippe, comte d'*Artois*, et Mlle Marie-Adélaïde-Clotilde, sa sœur, assise sur une chèvre, d'après Drouais (Le Bl., 107).

Superbe épreuve, du 1er état, avant toutes lettres. Marges.

472 — La même estampe.

Très belle épreuve, avec la lettre. Marge.

473 — *Galitzine* (Catherine-Cantemir, épouse du prince Dmitri), d'après Lefèvre (Le Bl., 108). In-4.

Belle épreuve.

474 — *Le Berthon* (Ant.-J.-Hiac.), président du Parlement de Bordeaux, d'après Lonsing (Le Bl., 109). In-fol.

Très belle épreuve, du 1er état, non décrit, avant toutes lettres.

475 — *Nollet* (J.-A.), physicien français, d'après de La Tour (Le Bl., 111). In-8.

Très rare et belle épreuve, avant l'inscription en cinq lignes au-dessous des noms du personnage et avant la bordure. Plus, une épreuve avec cette inscription et avec la bordure. Deux pièces.

476 — *Orange* (Guillaume, prince d'), d'après Nymegen. In-fol. Portrait non décrit par Le Blanc.

Superbe épreuve, avec marges. Rare.

477 — *Perussault* (Sylvain), jésuite, d'après Dachon (Le Bl., 112). In-fol.

Très belle épreuve.

478 — *Pichault* (François-Maurice), docteur en théologie (Le Bl., 113). In-fol.

Très belle épreuve, avant les noms des artistes.

479 — *Pombal* (Sébastien-Joseph-Carvalio, marquis de), en pied, assis dans son cabinet, d'après L. Vanloo et J. Vernet, 1767. Très-grand in-fol., en largeur (Le Bl., 114).

Très belle épreuve.

BEAUVARLET (J.-F.)

480 — *Poquelin de Molière* (J.-B.), d'après S. Bourdon (Le Bl., 115). In-fol.

Très belle épreuve, avant toutes lettres et avant la bordure.

481 — Le même portrait.

Très belle épreuve, avec la bordure et le nom du personnage dans le haut, mais avant l'inscription dans le bas, sur la tablette.

482 — Le même portrait.

Très belle épreuve, avec l'inscription sur la tablette.

483 — *Relongue* (Jean-Charles), seigneur de la Louptière, d'après Surugues (Le Bl., 116). In-8.

Très belle épreuve, avec marges.

484 — *Sage* (B.-G.), ingénieur français, d'après Colson. In-8 (Le Bl., 117).

Belle épreuve.

BERVIC (Ch.-Cl.)

485 — *Linné* (Charles), d'après Roslin. In-4 (Le Bl., 10).

Belle épreuve, avec marges.

486 — *Massalski* (J. Prince), d'après Kimli (Le Bl., 11). In-fol.

Très belle épreuve, avec marges.

487 — *Sénac de Meilhan* (Gabriel), d'après Duplessis (Le Bl., 12). In-fol.

Belle épreuve, avec marges.

488 — *Vergennes* (Charles-Gravier, comte de). In-fol., non décrit par Leblanc.

Superbe épreuve. Rare.

BLESENDORFF (F.)

489 — Jean-Frédéric, marquis de *Brandebourg*, — Eléonora, Louise de *Saxe*, son épouse, représentés sur une même feuille, d'après G. Netscher. In-fol.

Très belle épreuve.

BOLSWERT (S.-A.)

490 — Le pape *Urbain XIII,* assis sous un dais, et entouré de figures allégoriques, d'après Diepenbecke. Grande estampe gravée en deux planches pour une thèse.
Très belle épreuve.

BOSSE (ABR.)

491 — *Larcher* (Michel), conseiller du Roi. In-8.
Très belle épreuve, avec marge. Rare.

CALAMATTA (L.)

492 — *Molé* (le comte), d'après Ingres. In-fol.
Superbe épreuve avant la lettre, sur chine.

CARMONTELLE (L.-C. DE), d'après

493 — Pas de deux dansé à l'Opéra par Damberval et *M*ˡˡᵉ *Allard,* par J.-B. *Tillard.* In-fol. en largeur.
Belle épreuve.

494 — La malheureuse famille *Calas,* par De la Fosse. In-fol. en largeur.
Très belle épreuve, avec marge.

495 — La même estampe.
Très belle épreuve, avec marge.

496 — Le même sujet traité différemment, peint et gravé par D. Chodowiecki. In-fol. en largeur.
Très belle épreuve, avec marges.

497 — La même estampe.
Très belle épreuve.

498 — *Bourneville* (N... Durey de), sous-lieutenant aux gardes, par De la Fosse. In-fol.
Très belle épreuve.

499 — *Chauvelin* (Henri-Philippe), abbé de Montier-Ramey, conseiller au Parlement de Paris, par De la Fosse. In-fol.
Très belle épreuve.

CARMONTELLE (L.-C. DE)

500 — *Clairault* (Alexis-Claude), astronome et mathématicien, de l'Académie des sciences, par De la Fosse. In-fol.
>Très belle épreuve.

501 — *Fontenay* (Gaspard-François de), lieutenant-général, ministre plénipotentiaire de l'Electeur de Saxe, par De la Fosse. In-fol.
>Très belle épreuve.

502 — *Franklin* (Benjamin), par F. Née. In-fol.
>Très belle épreuve, avec marge.

503 — *Grimm* (le baron de), gravé par Le Cerf. In-8.

504 — *Hérault* (madame), et Madame de *Séchelles*, sa bru, représentées sur une même feuille, par De la Fosse. In-fol.
>Très belle épreuve.

505 — *Mairan* (Jean-Jacques d'Ortous de), de l'Académie royale des sciences. In-fol.
>Très belle épreuve, avec marges.

506 — *Montbarré* (M. de) et M. *d'Antragues*, représentés sur une même feuille. In-fol.
>Très belle épreuve. La marge du haut est ajoutée.

507 — *Mozart* (Léopold), avec son fils, Jean-Chrysostome-Volfgang-Amédée, célèbre compositeur, et sa fille Marie-Anne, virtuose, par De la Fosse. In-fol.
>Très belle épreuve, avec marge. Rare.

508 — *Trudaine* (M. de), assis, feuilletant un livre. In-fol.
>Très belle épreuve.

509 — *Xaupi* (l'abbé), docteur en théologie, archidiacre de Perpignan. In-fol.
>Très belle épreuve.

510 — Dame assise sur une chaise faisant de la tapisserie ; gravé au crayon rouge par Demarteau. In-4.
>Très belle épreuve, avec marge.

GARS (Laurent)

511 — *Louis XV*, d'après F. Lemoine (Didot, 200). Pièce allégorique sur la naissance des deux premiers enfants (deux jumelles) de Louis XV.

> Belle épreuve, 1er état, avec l'adresse du graveur.

512 — *La même estampe.*

> Très belle épreuve, avec l'adresse de Jolly.

513 — *Rohan* (Armand-Gaston de), cardinal et grand aumônier de France, d'après Rigaud. In-fol.

> Belle épreuve.

CHEREAU (F.)

514 — *Bayle* (Pierre). In-fol. (Le Blanc, 15).

> Belle épreuve, avec marges.

515 — Le même personnage gravé, de format in-8, pour la suite d'Odieuvre ; non décrit.

> Deux épreuves, dont une avec l'adresse.

516 — *Blitervich de Moncley* (Antoine-François), archevêque de Besançon. In-fol. (Le Bl., 17).

> Belle épreuve.

517 — *Boileau-Despréaux* (Nicolas), d'après Rigaud. In-4. (Le Bl., 18).

> Très belle épreuve.

518 — Le même personnage, gravé une seconde fois, par Chereau, d'après le même peintre. In-4, non décrit.

> Belle épreuve.

519 — *Bossuet* (J.-B.), d'après Rigaud. In-8 (Le Bl., 19).

> Deux très belles épreuves, avec marges, dont une avant toutes lettres.

520 — *Paviot du Bouillon* (Charles-Hyacinthe), procureur général du Parlement de Rouen. In-fol. (Le Bl., 20).

> Très belle épreuve.

521 — *Boullongne* (Louis de), peintre, d'après lui-même. In-fol. (Le Bl., 21).

> Très belle épreuve, du 1er état, avant la qualité de chevalier de l'ordre de Saint-Michel. Marge.

CHEREAU (F.)

522 — *Boyer* (Abel). In-fol., non décrit.

Très belle épreuve, avec marges.

523 — *Cheron* (Elisabeth-Sophie), d'après elle-même. In-fol. (Le Bl., 22).

Très belle épreuve, grandes marges.

524 — *Detlev von Dehn* (Conrad), homme d'État allemand, d'après Rigaud. In-fol. (Le Bl., 23).

Très belle épreuve, avant la croix de chevalier et avant les mots *Chevalier*, etc. Marge.

525 — *Fleury* (André-Hercules, cardinal de), d'après Rigaud. In-fol. (Le Bl., 25).

Très belle épreuve, avec marges.

526 — Le même personnage gravé une seconde fois, d'après Rigaud, dans une bordure ovale sur laquelle sont les noms et qualités du personnage. In-fol., non décrit.

Très belle épreuve, avec marges.

527 — *Fontaine* (Charles-Nicolas-Taffoureau de), évêque d'Embrun, d'après Rigaud. In-fol. (Le Bl., 26).

Belle épreuve, avec marge.

528 — *Gassot de Deffens* (Robert), abbé de Clairvaux, d'après de Fresnaud. In-fol., non décrit.

Très belle épreuve.

529 — *Geoffroy* (M.-Fr.), d'après N. de Largillière. In-fol. (Le Bl., 27).

Belle épreuve avant toutes lettres.

530 — Le même portrait.

Belle épreuve, avec la lettre. Marge.

531 — *Largillière* (Nicolas de), peintre, d'après lui-même. In-fol. (Le Bl., 30).

Très belle épreuve, avec marges.

532 — *Launay* (Nicolas de), directeur de la Monnaie, d'après Rigaud. In-fol. (Le Bl., 31).

Très belle épreuve, avant toutes lettres.

CHEREAU (F.)

533 — Le même portrait.

Très belle épreuve, avec la lettre. Marges.

534 — *Lorraine* (François-Armand de), évêque de Bayeux, d'après Tournière. In-fol., non décrit.

Très belle épreuve.

535 — *Orléans* (Philippe d'), régent, d'après J.-B. Santerre. In-fol. (Le Bl., 32).

Très belle épreuve.

536 — *Gondrin* (L.-A. de Pardaillon de), duc d'Antin, d'après Rigaud. In-fol. (Le Bl., 33).

Très belle épreuve. Marges.

537 — *Jacques III*, roi d'Angleterre, plus connu sous le nom du Prétendant. — *Sobieska* (Louise-Marie), sa femme. Deux portraits. In-fol., faisant pendant, d'après Belle ; non décrits par Le Blanc.

Très belles épreuves, avec marges.

538 — *Pecour* (Louis), compositeur de ballets, d'après Tournières. In-fol. (Le Bl., 34).

Très belle épreuve, avant l'adresse de la veuve Chereau.

539 — Le même portrait.

Belle épreuve, avec l'adresse.

540 — *Picon* (J.-B.-L.), seigneur d'Andresil, d'après Rigaud. In-fol. (Le Bl., 36).

Très belle épreuve, du 1er état, avant le titre d'ambassadeur près la cour ottomane.

541 — *Polignac* (Melchior, cardinal de), d'après Rigaud. In-fol. (Le Bl., 37).

Très belle épreuve, grandes marges.

542 — *Renaudot* (Eusèbe), de l'Académie française, d'après Ranc. In-fol. (Le Bl., 38).

Très belle épreuve, avec marge.

4

CHEREAU (F.)

543 — *Rousseau* (Claude-Bernard), auditeur des comptes. In-fol. (Le Bl., 39).

Belle épreuve, avec marge.

544 — *Saurin* (Jacques), ministre de l'évangile à La Haye. In-8 (Le Bl. 40).

Belle épreuve.

545 — *Zorn* (Christine-Renate). In-fol.

Belle épreuve, avec marges.

CHEREAU (J.)

546 — *Aragon* (Jeanne d'), reine de Sicile, d'après Raphaël. In-fol., non décrit.

Très rare épreuve avant toutes lettres. Marges.

547 — Le même portrait.

Belle épreuve.

548 — *Blaise III*, 42ᵉ abbé de Saint-Blaise. In-4. Décrit par Le Blanc comme étant gravé par F. Chereau.

Belle épreuve.

549 — *Colbert* (Charles-Joachim), évêque de Montpellier, d'après Raoux. In-fol. (Le Bl., 12).

Belle épreuve.

550 — *Montaigne* (Michel de). In-4 (Le Bl., 13).

Belle épreuve.

551 — *Orléans* (Philippe d'), régent, d'après J.-B. Santerre. In-8 (Le Bl., 14).

Très belle épreuve.

552 — *Leczinska* (Marie), princesse de Pologne, reine de France. In-fol. en pied, d'après Vanloo (Le Bl., 15).

Très belle épreuve, avec marges.

553 — *Prie* (Agnès-Berthelot de Pléneuf, marquise de), maîtresse de Louis-Henri, duc de Bourbon, d'après C. Vanloo. In-fol. (Le Bl., 16).

Très belle épreuve, avec marge.

CHEREAU (J.)

554 — *Sabran* (Louise-Charlotte de Foix-Rabat, marquise de), maîtresse du Régent, d'après C. Vanloo. In-fol. (Le Bl., 17).

Très belle épreuve, du 1er état, avec huit vers dans la marge du bas.

555 — Le même portrait.

Très belle épreuve, du 2me état, sans les vers, avec une planche accessoire où sont inscrits les noms et qualités du personnage.

556 — *Sévigné* (Marie de Rabutin-Chantal, marquise de). In-8, non décrit.

Très belle épreuve.

557 — *Soanen* (Jean), évêque de Senez, d'après Raoux. In-fol. (Le Bl., 19).

Belle épreuve.

558 — Le même personnage, d'après Raoux, à mi-corps, sans nom de graveur. In-fol.

Belle épreuve.

559 — *Thou* (Jacques-Auguste de). In-4 (Le Bl., 20).

Belle épreuve.

560 — *Vincent* (J.-Marie), chancelier de Venise. In-fol. (Le Bl., 21).

Très belle épreuve.

561 — Une jeune fille prenant du café, d'après de Troy. In-fol. (Le Bl., 23).

Très belle épreuve, grandes marges.

562 — Jeune fille faisant manger un oiseau, d'après J. Raoux, In-fol. (Le Bl., 24).

Très belle épreuve, avec marge.

563 — Jeune femme lisant une lettre, d'après de Troy. In-fol., non décrit.

Très belle épreuve, grandes magres.

564 — *Harcourt* (Henri d'), pair et maréchal de France, d'après Rigaud. In-8 (Le Bl., 29), décrit comme étant de F. Chereau.

Deux épreuves, dont une avec l'adresse d'Odieuvre.

CHEVILLET (J.)

565 — *Chardin* (Jean-Baptiste-Siméon), d'après lui-même. In-fol. (Le Bl., 54).

Belle épreuve.

566 — *Franklin* (Benjamin), ministre plénipotentiaire des États-Unis, d'après Bounieu. In-fol., non décrit.

Belle épreuve.

567 — *Jordan* (Jean-Louis), d'après Falbe. In-fol., non décrit.

Très belle épreuve, avec marge.

568 — *Lenoir*, lieutenant de police, d'après J.-B. Greuze. In-fol. (Le Bl., 56).

Très belle épreuve, marge.

569 — *Washington*, généralissime des États-Unis d'Amérique, d'après Bounieu. In-fol., non décrit.

Belle épreuve.

CHOFFARD (P.-P.)

570 — *Bézout* (Étienne) de l'Académie royale des sciences. In-4. (Le Bl., 45).

Très belle épreuve, avec marge.

571 — *Palissot* (Charles), deux portraits différents, d'après Monnet. In-8.

Belles épreuves.

572 — *La Rochefoucauld* (Franc. VI, duc de), d'après Petitot. In-8.

Très belle épreuve, marge.

573 — *Rossel* (Auguste-Louis, marquis de), capitaine de vaisseau, d'après François. In-8.

Deux très belles épreuves, dont une avant la lettre.

574 — *Serurier* (J.-L. le), négociant à Saint-Quentin, d'après Vallière. In-4.

Très belle épreuve, avec marge.

DAULLÉ (J).

575 — *Aguesseau* (Henri-François d'), chancelier de France, d'après Vivien (Delignières, 1). Pct. in-fol.
Très belle épreuve, avec marges.

576 — *Anastasie*, landgravine de Hesse Hombourg, née princesse Troubetzkoï, d'après Roslin, Gr. in-fol. (D., 2).
Très belle épreuve.

577 — *Astruc* (Jean), d'après Le Vigée. In-8. (D., 3).
Belle épreuve.

578 — *Frédéric-Auguste III*, roi de Pologne, d'après de Silvestre (D., 5). In-4.
Très belle épreuve, d'un 1er état non décrit, avec ces mots au-dessous de l'inscription : *Présenté par de Lespine et Hérissant.* Ce portrait est dû à la collaboration de Daullé et de Wille.

579 — Le même portrait.
Très belle épreuve, du 2me état, avec les mots rapportés ci-dessus effacés.

580 — *Baschi* (Charles de), marquis d'Aubaïs, d'après Peroneau (D., 7). In-fol.
Très belle épreuve, avec marges. Ce portrait est dû à la collaboration de Daullé et de Wille.

581 — *Baron*, acteur, d'après Fr. de Troy. (Del., 8). In-fol.
Superbe épreuve, avant toutes lettres, marges.

582 — Le même portrait.
Très belle épreuve, avec la lettre, grandes marges.

583 — *Boileau-Despréaux* (Nicolas), d'après Rigaud (Del., 10). In-8.
Bonne épreuve.

584 — *Chambroy* (Lazarus), abbé de Sainte-Geneviève, d'après Peroneau (Del., 11). In-fol.
Belle épreuve.

585 — *Chomel* (P.-J.-B.), médecin de la Faculté de Paris (Del., 12). In-8.
Belle épreuve.

DAULLÉ (J.)

586 — *Coffin* (Charles), littérateur, d'après Fontaine (Del., 15). In-fol.

> Belle épreuve.

587 — *Coignard* (Jean-Baptiste), imprimeur-libraire, d'après Voirieau (Del., 16). In-fol.

> Très belle épreuve, avec marges.

588 — *Fabert* (Abraham de), maréchal de France. In-8.

> Belle épreuve.

589 — *Favart* (Mme), actrice, d'après C. Vanloo (Del., 18). In-fol.

> Superbe épreuve, avec grandes marges.

590 — *Fénelon* (François de Salignac de La Motte), archevêque de Cambrai, d'après Vivien (Del., 19). In-8.

> Belle épreuve.

591 — *Gasparini* (Nic.), abbé, d'après J.-B. Lombard (Del., 21). In-fol.

> Belle épreuve, avec marges.

592 — *Gauffecourt* (Capperonnier de), d'après Nonnotte (Del., 23). In-fol. en largeur.

> Très belle épreuve, avec marges.

593 — *Gendron* (Claude Deshayes), oculiste, d'après Rigaud (Del., 24). In-fol.

> Belle épreuve.

594 — *Hecquet* (Philippe), doyen de la Faculté de médecine de Paris, d'après Le Belle (Del., 25). In-8.

> Belle épreuve.

595 — *Lamoignon* (Guillaume de), chancelier de France, d'après Valade (Del., 27). In-fol.

> Très belle épreuve, avec marge.

596 — *Lavergne* (Mlle), d'après J.-Et. Liotard, son oncle (Didot, 347).

> Superbe épreuve de ce portrait rarissime, qui avait échappé aux recherches de M. Delignières. Marge.

DAULLÉ (J.)

597 — *Laubrière* (Ch.-Fr. de), évêque de Soissons, d'après Aved (Del., 28). In-fol.

> Superbe épreuve, avec marges.

598 — *Lemercier* (Pierre-Augustin), imprimeur de la ville de Paris, d'après L.-M. Vanloo (Del., 29). In-fol.

> Superbe épreuve, du 1er état, avant toutes lettres.

599 — Le même portrait.

> Très belle épreuve, avec la lettre.

600 — *Lorraine* (Charles-Alexandre de), gouverneur des Pays-Bas, d'après Martin de Meytens (Del., 30). In-fol.

> Très belle épreuve.

601 — *Louis XV*, roi de France, d'après Vanloo (Del., 32).

> Belle épreuve.

602 — *Louis XV*, roi de France, d'après Le Moine (Del., 33). In-fol.

> Très belle épreuve, avec marges.

603 — *Louis*, dauphin de France, fils de Louis XV, d'après A.-S. Belle (Del., 34), faussement indiqué comme portrait de Louis XV. In-fol.

> Très belle épreuve, d'un état non décrit, avec l'adresse de la veuve Belle. Marge.

604 — *Louis XV*, roi de France, d'après Rigaud (Del., 35). In-fol.

> Belle épreuve.

605 — *Louis*, dauphin de France, fils de Louis XV, d'après L. Tocqué (Del., 36). In-fol.

> Très belle épreuve, avec marge. Ce portrait est dû à la collaboration de Wille et Daullé.

606 — *Louis*, dauphin, fils de Louis XV, d'après de La Tour (Del., 37). In-fol.

> Superbe épreuve, d'un état non décrit, avant la lettre, avec le nom de Daullé autour de l'ovale.

DAULLÉ (J.)

607 — Le même portrait.

Très belle épreuve, avec la lettre sur la tablette et avec le nom de de La Tour sous le coin gauche. M. Delignières indique cet état sans l'avoir rencontré.

608 — *Maréchal* (Georges), premier chirurgien du Roi (Del., 39).

Deux épreuves, dont une avec l'adresse d'Odieuvre et une avec cette adresse effacée.

609 — *Marie-Josèphe de Saxe*, épouse d'Auguste III, roi de Pologne, d'après L. de Silvestre (Del., 41).

Belle épreuve.

610 — *Marie-Thérèse*, reine de Hongrie, d'après M. de Meytens (Del., 42). In-4.

Très belle épreuve.

611 — *Mariette* (Jean), graveur et libraire, d'après Ant. Pesne (Del., 43). In-fol.

Superbe épreuve, du 1er état, avant toutes lettres, grandes marges.

611 bis. — Le même portrait.

Très belle épreuve.

612 — *Maupertuis* (P.-L. de), géomètre, d'après Tournières (Del., 44). In-fol.

Superbe épreuve, du 1er état, avant toutes lettres. Ce portrait est dû à la collaboration de Wille et Daullé.

613 — Le même personnage, gravé une seconde fois en 1755, d'après Tournières (Del., 45). In-8.

Belle épreuve.

614 — *Meerman* (Gerardus), conseiller et syndic de la ville de Rotterdam, d'après Perroneau (Del., 46). In-fol.

Très belle épreuve, avec marges.

615 — *Mignard* (Catherine-Marguerite), comtesse de Feuquières, d'après Mignard (Del., 47). In-fol.

Très belle épreuve, grandes marges.

DAULLÉ (J.)

616 — *Nestier* (M. de), écuyer du Roi, d'après Delarue (Del., 48). In-fol.

Superbe épreuve, du 1er état, non décrit, avant l'adresse de Buldet. Marge.

617 — *Nonnotte* (D.), peintre, d'après lui-même (Del., 49). In-4.

Belle épreuve.

618 — *Orléans* (Louis-Philippe d'), duc de Chartres, d'après A.-S. Belle (Del., 50).

Très belle épreuve, d'un état non décrit, avec l'adresse de la veuve Belle. Marge.

619 — *Orléans* (Louis d'), duc d'Orléans, premier prince du sang, d'après C. Coypel (Del., 52). In-fol.

Très belle épreuve, avec marge.

620 — Le même personnage, gravé une seconde fois, de format in-8, d'après Coypel (Del., 53).

Belle épreuve.

621 — *Pallu* (le père Martin), de la Compagnie de Jésus. Deux portraits in-fol. et in-8, gravés d'après Nonnotte (Del., 54-55).

Très belles épreuves.

622 — *Patot* (Fr.), abbé de Sainte-Geneviève. In-fol. (Del., 56).

Belle épreuve.

623 — *Pellissier* (Mlle), actrice, d'après Drouais (Del., 57). In-fol.

Très belle épreuve, avec la première adresse, celle de Drouais. Marge.

624 — Le même portrait.

Très belle épreuve, d'un état non décrit, avec l'adresse : Chez Jacob, etc. Marges.

625 — Le même portrait.

Très belle épreuve, avec l'adresse de Basan. Marges.

626 — *La Peyronie* (François de), chirurgien, d'après Rigaud (Del., 58). In-fol.

Très belle épreuve, d'un état non décrit, avant ces mots sous la gravure, à gauche : *La tête a été peinte par Hyacinthe Rigaud*, etc.

DAULLÉ (J.)

627 — *Pinto* (Fr.-D. Emmanuel), d'après Rigaud (Del., 61).
In-fol.

Très belle épreuve, état non décrit, sans nom de peintre, au-dessous, cette inscription : *Gravé par J. Daullé, graveur du Roy*, 1744. Marge.

628 — *Polignac* (le cardinal de), d'après Rigaud (Del., 62).
In-fol.

Bonne épreuve.

629 — Climène essayant les flèches de l'Amour. Portrait de Mme *de Pompadour*, d'après Nonnotte (Del., 141). In-fol.

Très belle épreuve.

630 — *Puységur* (Jacques-François de Chastenet de), maréchal de France, d'après R. Tournière (Del., 66). In-fol.

Superbe épreuve, du 1er état, non décrit, avant toutes lettres et avant les armes. Marge.

631 — Le même portrait.

Très belle épreuve, avec la lettre. Marge.

632 — *Rastignac* (L.-J. de Chapt de), archevêque de Tours (Del., 68).

Très belle épreuve, avec marges.

633 — *Rigaud* (Hyacinthe), peintre, et sa femme, d'après Rigaud (Del., 69).

Très belle épreuve, avec marges.

634 — *Rosset de Fleury* (Marie-Antoinette de), vicomtesse de Narbonne-Pelet, d'après Lattinville et Mlle Loir (Del., 70). In-fol.

Très belle épreuve.

635 — Le même personnage, gravé en contre-partie, sous ce titre : *La Pudeur*, publié par Basan. In-fol.

Belle épreuve.

636 — *Rousseau* (Jean-Baptiste), poète, d'après Aved (Del., 71). In-fol.

Très belle épreuve, avec marges.

637 — *Seyxas* (Joseph-Antoine) (Del., 73). In-4.

Superbe épreuve, du 1er état, avant toutes lettres.

DAULLÉ (J.)

638 — Le même portrait.

Très belle épreuve.

639 — *Saint-Simon* (Claude de), évêque de Metz, d'après Rigaud (Del., 74). In-fol.

Superbe épreuve, d'un état non décrit, avec ces mots tracés à la pointe au-dessous du titre : *S. R. J. Princeps.* Ce portrait est dû à la collaboration de Wille et Daullé. Marge.

640 — *Sonnois* (C. Hug.), avocat, d'après J.-B. Cornu (Del., 76). In-4.

Très belle épreuve. Marge.

641 — *Stuart* (Charles-Édouard), dit le Prétendant, fils aîné de Jacques III, roi d'Angleterre (Del., 77). In-fol.

Très belle épreuve.

642 — Le même personnage, représenté en buste, dans un médaillon ovale (Del., 78). In-fol.

Très belle épreuve, avec marges. Ce portrait est dû à la collaboration de Wille et Daullé.

643 — *Stuart* (Henri-Benoît), duc d'York, second fils de Jacques III (Del., 79). In-fol.

Très belle épreuve.

644 — *Sutaine* (Pierre), abbé de Sainte-Geneviève, d'après H. Guillemard (Del., 81). In-fol,

Belle épreuve, avec marges.

645 — *Thiboust* (Claude-Louis), imprimeur et libraire à Paris (Del., 83). In-8.

Très belle épreuve, d'un état non décrit, avec les noms et qualités du personnage sur le socle.

646 — *Valois* (Marguerite de), comtesse de Caylus, d'après Rigaud (Del., 84).

Superbe épreuve, avec marges.

647 — *Van-Dyck* (Antoine) (Del., 85). — Vanloo (Carle) (Del., 86). Deux portraits. In-8.

Belles épreuves.

DAULLÉ (J.)

648 — *Vintimille* (le cardinal de), d'après Rigaud (Del., 87).
In-fol.

> Bonne épreuve.

649 — Portrait d'un ecclésiastique, avec cette inscription
autour : *Fran. S. R. imp. com. in Salm. epus. Torn.*, etc.
(Del., 88). — Portrait d'homme, d'après un tableau de
Rubens à la galerie de Dresde (Del., 89). Deux pièces.

> Belles épreuves.

650 — Le Cardinal de Polignac, deux états différents. — Racine
et Camus de Pontcarré. Quatre pièces.

DELAUNE (ETIENNE), attribué à

651 — *Guise* (François de Lorraine, duc de). — *Charles*, cardinal de Lorraine. Deux portraits in-4, imprimés en regard
l'un de l'autre, sur une même feuille. Quelques amateurs
attribuent ces deux portraits à Delaune.

> Très belles épreuves, avec marges.

DESNOYERS (A.)

652 — Pénibles Adieux (famille *Lesurque*), d'après Hilaire
Ledru.

> Très belle épreuve, avant la lettre, lettres tracées.

653 — La même estampe.

> Belle épreuve, avec la lettre.

DOSSIER (M.)

654 — *Bousselin* (Eustache), contrôleur général du Marc-d'Or
des ordres du Roi, d'après Tramblin.

> Très belle épreuve.

655 — *Duval* (Nicolas), l'un des secrétaires de S. A. S. Monseigneur le duc du Maine, d'après Colleri. In-fol.

> Superbe épreuve, avant toutes lettres.

656 — La même estampe.

> Très belle épreuve, avec la lettre.

DOSSIER (M.)

657 — *Gilbert* (Grégoire), religieux du couvent des Augustins de Paris, d'après de Troy. In-fol.

> Très belle épreuve.

658 — *Jacques III*, roi d'Angleterre, connu sous le nom du Prétendant. In-fol.

> Belle épreuve.

659 — *Neyret de la Ravoye* (Anne-Varice de Vallière, Mme), d'après Rigaud. In-fol.

> Très belle épreuve, marge.

DUPONT (G.)

660 — *Georges*, prince de *Galles*, debout près de son cheval, d'après Gainsborough. 1783. In-fol., manière noire.

> Très belle épreuve.

EDELINCK (N.)

661 — *Orléans* (Philippe, duc d'), régent du royaume. Portrait équestre, d'après J. Ranc. Grand in-fol.

> Belle épreuve. Rare.

FLIPART (J.-J.)

662 — Allégorie du mariage de Monseigneur le *Dauphin*, avec la princesse *Marie-Josèphe de Saxe*, célébré à Paris le 13 février 1747, d'après Michel-Ange Slodtz. In-fol.

> Très belle épreuve avant la lettre, marges.

663 — Autre pièce allégorique sur le même sujet, gravée par Le Bas, d'après Hutin. In-fol.

> Très belle épreuve avant la lettre, marges.

FREY (J.)

664 — Marie-Clémentine *Sobieska*, femme de Ch.-Ed. Stuart, dit le Prétendant. Grand in-fol.

> Belle épreuve.

GAILLARD (R.)

665 — *Bertin* (Henri-Léonard-Jean-Baptiste), ministre et secré
taire d'État, d'après Roslin. Grand in-fol.
> Très belle épreuve, grandes marges.

GALLAYS (P.) excudit

666 — Agréable réjouissance de la cour sur l'heureuse naissance du prince duc de Valois, fils unique de Monseigneur
le duc d'Orléans, né le 17 août 1659. Pièce gravée dans le
genre d'Abraham Bosse.
> Très belle épreuve.

667 — La Famille royale de France au château de Meudon.
Grande pièce imprimée en trois feuilles, intéressante pour
les costumes.
> Très belle épreuve, du 1er état, avec l'adresse de Gallays.

GANTREL

668 — *La Vergne-Montenard de Tressan* (Louis de), évêque
du Mans. Grand in-fol., d'après Mignard.
> Belle épreuve.

GAULTIER (L.)

669 — *Ærodius* (Petrus). In-4.
> Très belle et rare épreuve, avant le texte au verso.

670 — *Amyot* (Jacques, évêque d'Auxerre. In-8.
> Très belle épreuve. Plus le même personnage, tiré de la suite d'Odieu-
> vre. Deux pièces.

671 — *Berault* (Josias), avocat au Parlement de Rouen. In-4.
> Très belle épreuve, avec marge.

672 — *Blosseville* (Alexandre Bouchart, vicomte de), d'après
Dumoustier. In-4.
> Très belle épreuve.

673 — *Fauchet* (Claude), premier président en la cour des
Monnaies. In-4.
> Très belle épreuve, avec marges.

GAULTIER (L.)

674 — *Framboisière* (Nicolas-Abraham, sieur de la), conseiller-médecin du Roi. In-fol.

Très belle épreuve, avant le texte au verso.

675 — Le même portrait.

Belle épreuve, avec le texte.

676 — *Heere* (Nicolas de), doyen de Saint-Aignan. In-8.

Belle épreuve, avec texte au verso.

677 — *Pasquier* (Étienne), avocat général à la Chambre des comptes. In-8.

Très belle épreuve, avec marges. Plus une épreuve de la planche coupée, publiée dans la suite d'Odieuvre.

678 — Le même portrait, gravé par J. Isaac, de format in-4.

Très belle épreuve.

GIFFART (à Paris chez P.)

679 — *Philippe* de France, duc d'Orléans, — *Elisabeth-Charlotte*, palatine, duchesse d'Orléaus. Deux portraits faisant pendant. Bustes forts comme nature.

Superbes épreuves. Très rares.

GUNST (P. van)

680 — *Charles XII*, roi de Suède. Grand in-fol.

Très belle épreuve.

681 — *Guillaume III*, roi d'Angleterre. — *Anne-Marie* d'Angleterre, son épouse. Deux portraits grand in-fol., faisant pendant, d'après Fiedeman.

Très belles épreuves.

682 — *Leczinski* (Stanislas), roi de Pologne. In-fol.

Belle épreuve.

HURET (Grégoire)

683 — Le cardinal *Mazarin* assis, entouré de figures allégoriques, pour le haut d'une thèse in-fol.

Bonne épreuve.

HURET (Grégoire)

684 — Grande thèse de philosophie, dédiée au cardinal de *Richelieu*, au haut de laquelle se trouve son portrait. Estampe en deux feuilles.

Très belle épreuve.

JOLLAIN (A Paris chez)

685 — Les Ordres du roy, exécutés par sa chambre de justice, *pour punir le vice, abolir l'usure et faire régner l'abon-dance et la paix dans ses États. Almanach pour l'année 1717*, grand in-fol. en deux planches.

Très belle épreuve.

LARMESSIN (N. de)

686 — *Mayeur* (Pierre), abbé de Clairvaux, d'après Loir. Grand in-fol.

Belle épreuve.

LASNE (M.)

687 — *Louis XIII*, roi de France, portrait équestre, chez J. Le Clerc. In-fol. rare.

Belle épreuve, avec texte au verso.

688 — *Louis XIII*, roi de France. Buste dans un médaillon posé sur un trophée d'armes. In-fol.

Très belle épreuve. Rare.

689 — Le même roi, en buste. In-fol.

Belle épreuve.

690 — *Louis XIII*, en costume de guerrier romain, foulant aux pieds des attributs de guerre et tenant un bouclier sur lequel est représenté le portrait de Richelieu, composition ornée de figures allégoriques et d'amours. Grand in-fol.

Belle épreuve.

691 — *Richelieu* (Armand Jean du Plessis, cardinal de). A mi-corps dans un cadre rectangulaire, bordé d'oves. In-fol.

Très belle épreuve. Rare.

LASNE (M.) et **CALLOT**

692 — Bernard, *Duc de la Valette*, gouverneur de Metz. Portrait équestre, dans le fond une vue de la ville de Metz. Grand in-fol.

Belle épreuve.

693 — *Louis XIII*, roi de France. Portrait équestre. Dans le fond est représentée la bataille de Veillane. (Meaume 507.)

Très belle épreuve.

LASNE (M.) ?

694 — *Louis XIII*. Portrait équestre, représenté à la tête de l'armée. In-fol.

Très belle épreuve, avant le nom du graveur.

LEU (Th. de)

695 — *Argentré* (Bertrand d'), président au siège du sénéchal de Rennes (R. D., 30).

Très belle épreuve, du 1er état, avant les rides sur le front et avant le texte au verso.

696 — *Aumale* (Claude de Lorraine d'), chevalier de Malte (R. D., 303).

Superbe épreuve.

697 — *Beaugrand* (Jean de), maître à écrire, bibliothécaire et lecteur du roi (R. D., 343).

Très belle épreuve.

698 — *Biron* (Charles de Gontaut, duc de) (R. D., 318).

Belle épreuve, plus une épreuve de la planche coupée, publiée dans la suite d'Odieuvre. Deux pièces.

699 — *Bourbon* (Charles de), connétable de France (R. D., 323).

Très belle épreuve, plus une épreuve de la planche coupée, publiée dans la suite d'Odieuvre. Deux pièces.

700 — *Condé* (Henri de Bourbon, prince de) (R. D. 344).

Belle épreuve.

LEU (Th. de)

701 — *Conti* (François de Bourbon, prince de) (R. D., 347).
Belle épreuve.

702 — *Du Moulin* (Pierre), ministre calviniste à Paris et à
Sedan (R. D., 356).
Belle épreuve.

703 — *Enghien* (Jean de Bourbon, comte d') (R. D. 362).
Bonne épreuve.

704 — *Épernon* (Jean-Louis de la Valette, de Nogaret, duc d')
(R. D., 363).
Bonne épreuve.

705 — *Leblanc* (Guillaume), camérier du pape Sixte V, évêque
de Vence et de Grasse. A. Poite (R. D., 433).
Très belle épreuve, du 1er état. Rare.

706 — *Louise de Lorraine*, reine de France (R. D., 446).
Belle épreuve.

707 — Le même portrait.
Bonne épreuve.

708 — *Murat* (Antoine de), conseiller au Parlement de Paris
(R. D., 465.)
Très belle épreuve.

709 — Le même portrait.
Très belle épreuve, l'inscription du bas coupée.

710 — *Nemours* (Henri de Savoie, duc de) (R. D., 466).
Très belle épreuve.

711 — *Nevers* (Charles de Gonzague, duc de) (R. D., 469).
Belle épreuve.

712 — *Passerat* (Jean), professeur royal d'éloquence, à Paris
(R. D., 473).
Très belle épreuve.

713 — *Servin* (Louis), avocat général au Parlement de Paris
et conseiller d'État (R. D., 486).
Très belle épreuve, du 1er état, avant la lettre, plus une épreuve du
4me état. Deux pièces.

LEU (Th. de)

714 — *Soissons* (Charles de Bourbon, comte de) (R. D., 488).
Belle épreuve.

LIGNON (F.)

715 — *Louis-Philippe I*er, roi des Français, d'après Dupré.
In-fol.
Belle épreuve.

LOMBART (P.)

716 — *Marie-Thérèse d'Autriche*, reine de France. Buste
au milieu d'une composition architecturale ornée de
figures allégoriques, d'après Beaubrun. Grand in-fol.
Très belle épreuve.

LOWERY (R.)

717 — *Choiseul* (Étienne-François. duc de), d'après Vanloo.
In-fol. en pied, gravé en manière noire.
Très belle épreuve, avec marges.

MAILE (G.)

718 — *Lundens* (Mlle). Portrait connu sous le nom de : La
Dame au chapeau de paille, d'après Rubens. In-fol., en
couleur.
Belle épreuve.

MARTINET (A.)

719 — *Pasquier* (le duc de), d'après Horace Vernet. In-fol.
Superbe épreuve d'artiste, avec les noms d'auteurs tracés à la pointe,
sur chine, et signée du graveur.

MASSON (Ant.)

720 — Son portrait, gravé par lui-même, d'après Mignard
(R. Dumesnil, 1).
Très belle épreuve.

721 — Pièce allégorique à la gloire de M. *Masson*, gravé par
M. Habert. En bas une légende explicative.
Belle épreuve.

MASSON (ANT.)

722 — *Abelly* (Louis), évêque de Rodez (R. D., 8).
Belle épreuve.

723 — Le même personnage (R. D., 9).
Bonne épreuve.

724 — *Anne d'Autriche*, reine de France, d'après Mignard.
Buste fort comme nature (R. D., 11).
Très belle épreuve.

725 — *Beauvilliers* (François de), duc de Saint-Aignan (R. D., 12).
Belle épreuve.

726 — *Bignon* (Jérôme) (R. D., 13).
Très belle épreuve, du 2me état.

727 — *Bouillon* (Emmanuel-Théodose de la Tour d'Auvergne, duc d'Albret, cardinal de), d'après Mignard (R. D., 14).
Très belle épreuve, du 1er état, avec marge.

728 — *Brisacier* (Guillaume de), secrétaire des commandements de la Reyne, d'après Mignard (R. D., 15).
Très belle épreuve, du 1er état, avant la lettre. Une petite restauration dans le milieu de la gravure.

729 — *Charrier* (Gaspard), lieutenant criminel au présidial de Lyon, d'après Blanchet (R. D., 16).
Très belle épreuve, avec marges.

730 — *Chevreuse* (Charles-Honoré d'Albret, duc de) (R. D., 17).
Belle épreuve, du 2me état.

731 — *Colbert* (Jacques-Nicolas), abbé du Bec (R. D., 19).
Belle épreuve, du 2me état.

732 — Le même personnage, prieur de l'abbaye du Bec (R. D., 20). Buste fort comme nature.
Belle épreuve.

733 — *Colbert* (Michel), abbé général des Prémontrés (R. D., 22).
Très belle épreuve.

MASSON (ANT.)

734 — *Crécy* (Louis-Verjus, comte de) (R. D., 23).
Belle épreuve, avec marges.

735 — *Cureau de la Chambre* (Marin), d'après Mignard (R. D., 24).
Belle épreuve, du 1er état, avec marges.

736 — *Dupuis* (Pierre), peintre de fleurs, d'après Mignard (R. D., 25).
Très belle épreuve, du 1er état, avec marges.

737 — *Dupuy* (Alexandre), marquis de Saint-André-Montbrun, d'après De Sève (R. D., 26).
Belle épreuve.

738 — *Forbin de Janson* (Toussaint de), prélat (R. D., 27).
Belle épreuve.

739 — *Fourcy* (Henri de), président au Parlement de Paris (R. D., 28).
Belle épreuve, avec marges.

740 — *Frédéric-Guillaume*, dit le grand Électeur de Brandebourg (R. D., 30).
Belle épreuve, avec marges.

741 — *Condrin* (Louis-Henri de Pardaillon de), archevêque de Sens (R. D., 31).
Très belle épreuve, du 1er état, avec marges.

742 — *Guise* (Marie de Lorraine, duchesse de), princesse de Joinville, d'après Mignard (R. D., 32).
Très belle épreuve, du 3me état, avant le lapin.

743 — Le même portrait.
Belle épreuve, du 5me état.

744 — *Harcourt* (Henri de Lorraine, comte d'), grand écuyer de France, dit le Cadet à la perle (R. D., 34).
Très belle épreuve, du 2me état, avant le chiffre 4 dans la marge, à gauche. Marge.

745 — *Helyot* (Marie-Herinx, femme de Claude) (R. D., 36).
Belle épreuve, avec marges.

MASSON (Ant.)

746 — *Lesseville* (Charles Le Clerc de), doyen du grand Conseil (R. D., 40).

Très belle épreuve, avec marges.

747 — *Louis XIV*. Buste lauré sur un piédouche posé sur une table (R. D., 41).

Très belle épreuve d'une pièce de la plus grande rareté, un peu rognée sur la gauche.

748 — *Louis XIV*, roi de France, d'après Le Brun (R. D., 43).

Belle épreuve.

749 — *Louis*, fils de France, Dauphin (R. D., 46). Buste fort comme nature.

Superbe épreuve, du 1er état, où la tête du personnage est nue.

750 — *Louis-Auguste*, duc du Maine, colonel général des Suisses et Grisons (R. D., 47).

Belle épreuve.

751 — *Marie-Anne-Victoire* de Bavière, Dauphine de France. Buste fort comme nature (R. D., 48).

Très belle épreuve.

752 — *Marie-Thérèse* d'Autriche, reine de France, d'après Mignard. Buste fort comme nature (R. D., 49).

Très belle épreuve. Marge.

753 — *Marin de la Châtaigneraye* (Denis), secrétaire du roy (R. D., 50).

Très belle épreuve.

754 — *Medavy* (François-Rouxel de), archevêque de Rouen (R. D., 51).

Très belle épreuve.

755 — *Nicolaï* (Nicolas de), premier président de la Chambre des comptes (R. D., 54).

Très belle épreuve.

756 — *Le Nostre* (André), d'après C. Maratti (R. D., 55).

Très belle épreuve.

MASSON (Ant.)

757 — *Ormesson* (Olivier Le Fèvre d'), conseiller au Parlement de Paris et maître des requêtes (R. D., 58).
Superbe épreuve, du 1er état, avec marges. Rare.

758 — *Patin* (Gui), savant médecin (R. D., 59).
Belle épreuve, du 2me état, avant l'adresse du graveur.

759 — *Patin* (Charles) (R. D., 60).
Très belle épreuve, avec marges.

760 — *Péréfixe* (Hardouin de Beaumont de), archevêque de Paris, d'après Mignard (R. D., 61).
Très belle épreuve, du 1er état.

761 — *Pussort* (Henri de), conseiller d'État, doyen du Conseil et membre du Conseil royal des finances (R. D., 62).
Belle épreuve.

762 — *Roquette* (Gabriel de), évêque d'Autun (R. D., 63).
Belle épreuve.

763 — *Turenne* (Henri de la Tour d'Auvergne vicomte de). Buste fort comme nature (R. D., 64).
Très belle épreuve.

764 — *Turgot de Saint-Clair* (Antoine), maître des requêtes (R. D., 66).
Très belle épreuve, avec marges.

MELLAN (Cl.)

765 — *Richelieu* (le cardinal de), in-fol. (De M., 227).
Belle épreuve.

MONTAGNE ou de PLATTE-MONTAGNE

766 — *Barthélemy* (Vincent), avocat consultant à Rethel (R. D., 19).
Belle épreuve.

767 — *Berulle* (Pierre, cardinal de), d'après Champagne (R. D., 20).
Belle épreuve.

MONTAGNE ou de **PLATTE-MONTAGNE**

768 — *Castellan* (Olivier de) (R. D., 21).
Très belle épreuve.

769 — *Habert dé Montmaur* (Henri-Louis II), maître des requêtes (R. D., 24).
Belle épreuve, coloriée sur les épaules.

770 — *Marie de Médicis*, reine de France, d'après Porbus (R. D., 25).
Très belle épreuve.

771 — *Monnerot* (Pierre) (R. D., 26).
Très belle épreuve, avec marges.

772 — Le même personnage (R. D., 27).
Très belle épreuve.

MORIN (Jean)

773 — Anne d'Autriche, reine régente de France, d'après Champaigne (R. D., 40).
Très belle épreuve, plus une épreuve de la planche coupée. Deux pièces.

774 — La même reine (R. D., 41).
Très belle épreuve.

775 — *Arnaud d'Andilly* (Robert) (R. D., 42).
Très belle épreuve, grandes marges.

776 — *Bentivoglio* (Guido), cardinal, d'après Van-Dyck (R. D., 43).
Superbe épreuve.

777 — *Berthier* (Pierre), évêque de Montauban, d'après Champaigne (R. D., 44).
Belle épreuve.

778 — *Borromée* (Saint-Charles), d'après Champaigne (R. D., 45).
Très belle épreuve, avec grandes marges.

779 — Le même portrait.
Très belle épreuve.

MORIN

780 — Le même saint, d'après Champaigne (R. D., 46).
Très belle épreuve.

781 — *Bourbon-Conti* (Armand de), d'après Juste (R. D., 47).
Très belle épreuve, avec marges.

782 — *Brachet de la Milletière* (Théophile), d'après Champaigne (R. D., 48).
Très rare épreuve, du 1er état, avant toutes lettres. Un peu rognée sur la gauche.

783 — Le même portrait.
Superbe épreuve, grandes marges.

784 — Le même portrait, la planche coupée. Trois épreuves de trois états différents.

785 — *Camus* (Jean-Pierre), évêque de Bellay, d'après Champaigne (R. D., 49).
Très belle épreuve.

786 — *Choiseul du Plessis-Praslin* (Gilbert de), évêque de Comminges, d'après Champaigne (R. D., 50).
Superbe épreuve, du 1er état, grandes marges.

787 — *Chrystin* (N.), d'après Van-Dyck (R. D., 51).
Très belle épreuve, marge.

788 — *Franck* (Jérôme), peintre, d'après lui-même (R. D., 52).
Superbe épreuve, avec marges.

789 — Le même portrait, la planche coupée. Deux épreuves de deux états différents.

790 — *Gesvres* (François Potier, marquis de), d'après Champaigne (R. D., 53).
Très belle épreuve, grandes marges.

791 — *Gondy* (Jean-François-Paul de), coadjuteur de Paris, d'après Champaigne (R. D., 54).
Belle épreuve.

792 — *Grimberge* (Honorine), comtesse de Bossu, d'après Van-Dyck (R. D., 55).
Belle épreuve.

MORIN

793 — *Herbert* (Sophie), comtesse de Carnarvon, d'après Van-Dyck (R. D., 56).

Belle épreuve, du 1er état, avec le nom du peintre.

794 — *Guise* (Henri de Lorraine, duc de), comte d'Eu, d'après Citermans (R. D., 57).

Très belle épreuve, grandes marges, plus une épreuve de la planche coupée. Deux pièces.

795 — *Harcourt* (Henri de Lorraine, comte d'), grand écuyer de France, d'après Champaigne (R. D., 58).

Belle épreuve.

796 — *Henri II*, roi de France, d'après Janet (R. D., 59).

Très belle épreuve.

797 — *Henri IV*, roi de France, d'après Ferdinand (R. D., 60).

Très belle épreuve.

798 — *Jansenius* (Corneille), évêque d'Ypres (R. D., 61).

Belle épreuve, du 1er état.

799 — Le même portrait, planche coupée. Deux épreuves de deux différents états.

800 — *Lemon* (Marguerite), d'après A. Van-Dyck (R. D., 62).

Belle épreuve, plus une épreuve de la planche coupée que l'on donnait comme étant le portrait de Jane Gray.

801 — *Louis XI*, roi de France (R. D., 63).

Très belle épreuve, plus une épreuve de la planche coupée. Deux pièces.

802 — *Louis XIII*, roi de France, d'après Champaigne (R. D., 64).

Très belle épreuve, grandes marges.

803 — *Maisons* (le président de), d'après Champaigne (R. D., 65).

Très belle épreuve, grandes marges.

804 — *Marillac* (Michel de), garde des sceaux, d'après Champaigne (R. D., 66).

Très belle épreuve, plus une épreuve de la planche coupée. Deux pièces.

MORIN

805 — *Maugis des Granges* (P.), d'après Champaigne (R. D., 67).
Très belle épreuve, grandes marges.

806 — *Mazarin* (le cardinal), d'après Champaigne (R. D., 68).
Très belle épreuve, du 2me état, avec l'inscription sur la bordure. Marge.

807 — Le même portrait.
Bonne épreuve, du 3me état, avec l'inscription enlevée.

808 — *Mercier* (Jacques *Le*), architecte, d'après Champaigne (R. D., 69).
Très belle épreuve, avec marges.

808 *bis* — *Netz* (Nicolas de), évêque d'Orléans, d'après Champaigne (R. D., 70).
Très belle épreuve, avec grandes marges.

809 — *Philippe II*, roi d'Espagne, d'après Titien (R. D., 74).
Belle épreuve, plus une épreuve de la planche coupée. Deux pièces.

810 — *Richelieu* (le cardinal de), d'après Champaigne (R. D., 72).
Très belle épreuve.

811 — Le même portrait, planche coupée. Deux épreuves de deux différents états.

812 — *Sales* (saint François de) (R. D., 73).
Superbe épreuve, avec grandes marges.

813 — *Talon* (Omer), avocat général au Parlement de Paris, d'après Champaigne (R. D., 74).
Très belle épreuve, grandes marges.

814 — *Tarrisse* (dom Jean-Grégoire), général de la congrégation de Saint-Maur, d'après Donstan (R. D., 75).
Très belle épreuve, grandes marges.

815 — *Le Tellier* (Michel, d'après Champaigne (R. D., 76).
Belle épreuve.

816 — *Thou* (Augustin de), premier du nom, d'après Champaigne (R. D., 77).
Très belle épreuve.

MORIN

817 — *Thou* (Christophe de) (R. D., 78).
Très belle épreuve.

818 — *Thou* (Jacques-Auguste de), président des enquêtes du Parlement de Paris, d'après Ferdinand (R. D., 79).
Très belle épreuve, grandes marges.

819 — *Tubœuf* (Jacques), d'après Champaigne (R. D., 80).
Très belle épreuve.

820 — *Valois* (Charles de), duc d'Angoulême, d'après Champaigne (R. D., 81).
Superbe épreuve.

821 — *Verger de Hauranne* (Jean du), abbé de Saint-Cyran, d'après Champaigne (R. D., 82).
Très belle épreuve, plus une épreuve de la planche coupée. Deux pièces.

822 — Le même personnage, d'après Champaigne (R. D., 83).
Belle épreuve.

823 — Le même personnage, gravé par Alix, d'après Champaigne. In-fol.
Belle épreuve, grandes marges.

824 — *Vignerod* (Jean-Baptiste-Amador), abbé, puis marquis de Richelieu, d'après Champaigne (R. D., 85).
Très rare et belle épreuve, avant la lettre.

825 — Le même portrait.
Superbe épreuve, avec grandes marges, plus une épreuve de la planche coupée. Deux pièces.

826 — *Villemontée* (François de), d'après Champaigne (R. D., 86).
Très belle épreuve, grandes marges.

827 — *Villeroy* (Nicolas de Neufville, marquis de), d'après Champaigne (R. D., 87).
Très belle épreuve, marges, plus une épreuve de la planche coupée.

828 — *Vitré* (Antoine), imprimeur, d'après Champaigne (R. D., 88).
Superbe épreuve, marge.

MULLER (J.)

829 — *Christian IV*, roi de Danemark et de Norwège, d'après P. Isaac (B., 56).

Très belle épreuve, avec grandes marges.

NATTIER (J.-M.) d'après

830 — *Marie Leczinska*, reine de France, gravé par J. Tardieu.

Très belle épreuve, avec marge.

831 — Madame Louise-Élisabeth de France, duchesse de Parme (la terre). — Madame Adélaïde de France (l'air). — Madame Marie-Louise-Thérèse-Victoire de France (l'eau). — Madame Marie-Henriette de France (le feu). Quatre pièces gravées par Baléchou, J. Beauvarlet, R. Gaillard et J. Tardieu.

Très belles épreuves, avec marges.

831 *bis* — La Chasseuse aux cœurs (Mademoiselle de *Beaujolais*), par B. L. Henriquez.

Très belle épreuve, avec une grande marge.

832 — Madame de *** en Hébé (Louise-Henriette de Bourbon-Conti, duchesse d'*Orléans*), par Hubert.

Très belle épreuve, avec marges.

833 — La Belle Source (Madame de *Châteauroux*), par Meliny.

Très belle épreuve, avec marge.

834 — La Nuit passe, l'Aurore paraît (Madame de *Mailly*), par Malœuvre.

Superbe épreuve avant la lettre.

835 — La même estampe.

Très belle épreuve, avec marges.

836 — Flore à son lever (Madame de *Pompadour*), par Malœuvre.

Très belle épreuve avant la lettre.

837 — Madame de *** en Flore (Madame de *Pompadour*), par Voyez le jeune.

Très belle épreuve.

NATTIER (J.-M.) d'après

838 — La Force (Madame de *Châteauroux*), par Baléchou.
Très belle épreuve.

839 — La Justice, — la Prudence. Deux pièces gravées par Vidal.
Belles épreuves.

840 — Madame Adélaïde de France, — Mademoiselle de Charolais. Deux fac-simile, d'après des pastels de Nattier.

841 — La Galerie du Palais du Luxembourg, peinte par Rubens, dessinée par les S. Nattier et gravée par les plus illustres graveurs du temps, suite de 23 estampes dessinées par Nattier, d'après Rubens.
Très belles épreuves avant les nᵒˢ. Une pièce est double, avant toutes lettres. Manquent les trois portraits pour que la collection soit complète.

PAZZI (Ant.)

842 — *Kaunitz* (Winceslas-Antoine, prince de). Grand in-fol.
Très belle épreuve.

PICART (B.)

843 — *Savoie* (Eugène-François, prince de), d'après J. Van Schuppen. Grand in-fol.
Très belle épreuve.

POILLY (F. de)

844 — *Lamoignon* (Guillaume de), premier président au Parlement de Paris. Buste soutenu par la Religion, la Justice et autres figures allégoriques. Grand in-fol., d'après Mignard.
Très belle épreuve.

845 — Le même personnage, également en buste, entouré de figures allégoriques, d'après Mignard. Grand in-fol.
Très belle épreuve, avec marges.

POILLY (N. DE)

846 — *Louis*, dauphin de France, fils de Louis XIV. Buste aussi grand que nature (Didot, 1974).

   Très belle épreuve.

847 — *Marie-Anne-Victoire* de Bavière, dauphine de France, buste fort comme nature.

   Belle épreuve.

848 — *Marie-Thérèse* d'Autriche, reine de France, d'après Beaubrun, buste presque aussi fort que nature (Didot, 1973).

   Belle épreuve.

849 — Grande pièce allégorique en l'honneur du roi Louis XIV, d'après Mignard. Grand in-fol., en largeur.

   Très belle épreuve.

PONTIUS (P.)

850 — *Isabelle-Claire-Eugénie*, infante d'Espagne. Grand in-fol., d'après Rubens.

   Très belle épreuve.

851 — *Olivarès* (Gaspard de Gusman, comte d'), d'après Velasquez et Rubens. Très-grand in-fol.

   Très belle épreuve, avant le mot *de*, entre les noms Gaspard et Gusman.

POOL (M.)

852 — *Charles III*, roi d'Espagne. — Elisabeth-Christine, sa femme. Deux portraits. Grand in-fol., faisant pendant, d'après Stampart et Querfart.

   Belles épreuves.

RANDON

853 — *Desmaretz* (Nicolas), conseiller du roi, d'après Mignard. Grand in-fol.

   Très belle épreuve.

ROULLET (J.-L.)

854 — *Colbert* (Ed.), marquis de Villacerf (Didot, 2039).
Grand in-fol.
> Très belle épreuve.

SANDRARDT

855 — *Ernest*, duc de Saxe. In-fol.
> Bonne épreuve.

SAVART (P.)

856 — *Buffon* (Georges-Louis-Leclerc, comte de), d'après
Drouais. In-8.
> Très belle épreuve, du 1er état, avant la lettre.

857 — *Richelieu* (le cardinal de), F., 31.
> Très belle épreuve, du 1er état, avant toutes lettres. Marges.

SCHMIDT (G.-F.)

858 — *Grapendorff* (L.-Alb., de Brandt, baronne de) (J., 74).
> Très belle épreuve, du 1er état, avant les noms des artistes.

859 — Le même portrait.
> Très belle épreuve, du 2me état, avec les noms des artistes.

860 — *Segur de Ponchat* (Anne-Marie-Françoise de), abbesse
de Gif. In-4.
> Très belle épreuve, grandes marges.

SCHMUZER (J.)

861 — *Kaunitz* (Winceslas-Antoine, prince de), d'après J.
Hagenaur. In-fol.
> Belle épreuve.

SIMON (P.)

862 — Anne-Marie-Louise-d'Orléans, duchesse de *Montpensier*.
Buste fort comme nature.
> Superbe épreuve.

863 — Le même portrait.
> Très belle épreuve.

SIMON (P.)

864 — *Ormesson* (Olivier-Lefèvre d'), conseiller d'État, buste fort comme nature (Didot, 2287).

> Belle épreuve.

SMITH (J.-R.)

865 — *Georges*, prince de Galles, debout près de son cheval, d'après Gainsborough, 1785. In-fol., manière noire.

> Superbe épreuve, avec marges.

STRANGE (R.)

866 — *Charles Ier*, roi d'Angleterre, en manteau royal, d'après Van-Dyck. In-fol.

> Très belle épreuve, toutes marges.

867 — *Charles Ier*, roi d'Angleterre, debout près de son cheval que tient un écuyer, d'après Van-Dyck. Grand in-fol.

> Très belle épreuve.

868 — *Henriette* de France, femme de Charles Ier, roi d'Angleterre, avec ses enfants, d'après Van-Dyck. Grand In-fol.

> Très belle épreuve, marge.

TAVERNIER (à Paris chez)

869 — Éloge d'Armand-Jean Du Plessis, cardinal de Richelieu, grande légende au milieu de laquelle est imprimé un portrait du cardinal. In-fol.

> Belle épreuve.

VALCK (G.)

870 — *Savoie* (Eugène-François, prince de), d'après M. de Mérian. Grand in-fol.

> Très belle épreuve.

VALLET (Guillaume)

871 — *Louis*, dauphin de France, fils de Louis XIV, d'après Jouvenet, 1644 (Didot, 2359).

> Très belle épreuve, du 1er état, avant la couronne de laurier et l'encadrement de feuillage.

VORSTERMAN (L.)

872 — *Bourbon* (Charles de), connétable de France, d'après Titien. In-fol.

Très belle épreuve, avec marge.

873 — *Longueval* (Charles de), comte de Buquoy, général, d'après Rubens. Grand in-fol.

Très belle épreuve.

WILLE (J.-G.)

874 — *Gouy* (Elisabeth de), femme de H. Rigaud, d'après lui-même. In-fol.

Belle épreuve.

PORTRAITS DE FEMMES

RANGÉS PAR LETTRES ALPHAPÉTIQUES

875 — *Agnès Sorel*. In-fol. par Girardin.

Très belle épreuve.

876 — La même, fac-similé aux trois crayons, de la collection *Niel*. Première épreuve.

877 — *Aiguillon* (la duchesse d'), gravé par Ceroni, d'après Petitot.

Épreuve avant la lettre, sur chine.

878 — *Albany* (la comtesse d'), de la famille des Stolberg, femme de Charles *Stuart*, dit le Prétendant, connu sous le nom de comte Albani, puis femme du poète Alfieri et plus tard du peintre Fabre. In-fol. en couleur, par Descourtis, d'après Hentzi et Fozelli.

Superbe épreuve avant la lettre. Très rare.

879 — La même, dans un âge plus avancé, gravé par Nargeot, d'après Fabre. In-4°.

Très belle épreuve avant la lettre, sur chine.

880 — *Allou* (Madame). In-fol. en largeur, gravé par Dossier, d'après Allou, sous le titre de : l'Optique.

> Très belle épreuve.

881 — *Amelia*, princesse d'Angleterre, gravé par Bartolozzi, d'après Lawrence. In-4°.

> Très belle épreuve, avec marges.

882 — *Amelia-Elisabeth*, landgravine de Hesse, par Van Hulle. In-fol. — *Amelia* de Solms, épouse de Frédéric-Henri, prince d'Orange, gravé par Houbraken, d'après Honthorst. In-fol. Deux pièces.

883 — *Andouin* (Cousande), comtesse de Guiche, dite la belle Corisande, maîtresse de Henri IV. Fac-similé de la collection Lenoir.

884 — *D'Angeville* (Mlle) la jeune, par Ph. Le Bas, d'après Pater.

> Très belle épreuve, du 1er état, avant que la tête ait été retouchée. Margé.

885 — *Anne d'Autriche*, reine de France, jeune, en grand costume, assise dans un fauteuil. In-fol., par Michel Lasne.

> Très belle épreuve. Rare.

886 — La même, en buste, avec grande colerette et corsage garni de perles, par Michel Lasne et Briot. In-fol.

> Très belle épreuve. Rare.

887 — La même, assise, en costume de veuve, par Michel Lasne, d'après Champaigne. In-fol.

> Très belle épreuve.

888 — La même, également en costume de veuve, en buste dans un ovale, par M. Lasne, d'après Nocret. In-fol.

> Très belle épreuve.

889 — La même, en costume de veuve, en buste dans un médaillon soutenu par la France, par Michel Lasne. In-fol.

> Très belle épreuve.

890 — La même. Petit buste, soutenu par la France, derrière
un sarcophage chargé d'L et de fleur de lis, par Mellan.
— La même, en grand costume, tiré de la galerie cardinale. In-fol. Deux pièces.

891 — La même, à mi-corps. Fac-similé de la collection Lenoir.
In-8°. — La même, par Ceroni, d'après Petitot. Épreuve
avant la lettre, sur chine. Deux pièces.

892 — *Anne de Boulen* femme de Henri VIII, par Vermeulen,
d'après Vander Werff. *La même*, fac-similé, d'après le
dessin d'Holbein. Deux pièces.

893 — *Anne de Bretagne.* Pièces relatives à la vie et à la mort
de cette princesse, tirées de Montfaucon. Neuf pièces.

894 — *Anne de Clèves*, femme de Henri VIII. Trois portraits
différents. 1er, par Vermeulen, d'après Vander Werff. 2e,
par Didier, d'après le tableau d'Holbein au musée du
Louvre et 3e, fac-similé d'après le dessin d'Holbein de la
collection anglaise.

895 — *Anne Hyde*, épouse de Jacques II, par Simonneau,
d'après Vander Werff. In-fol.

896 — *Anne*, fille de Georges II, roi d'Angleterre et épouse de
Guillaume-Henri friso, prince d'Orange, gravé par
Haubraken. Deux épreuves dont une avant l'adresse,
d'Haffmann. In-fol.

897 — Les funérailles de cette princesse célébrées à La Haye.
Suite de seize gravures gravées par Fokke, d'après
Lafarge. In-fol. en largeur.

Très belles épreuves.

898 — *Anna*, princesse de Saxe, épouse de Guillaume, prince
d'Orange, gravé par Houbraken. In-fol.

899 — *Anne*, reine d'Angleterre. Trois portraits différents,
dont deux publiés par Desrochers et Odieuvre et le 3e
in-fol. publié en Hollande.

900 — *Arc* (Jeanne *d'*), surnommée la Pucelle d'Orléans, à
mi-corps, coiffée d'un chapeau à plumes et tenant une
épée de la main droite. In-fol., par C. D.

Très belle épreuve. Rare.

901 — Portrait et représentation au vrai du simulacre qui est
élevé sur le pont d'Orléans, par L. Gaultier. — La Pucelle
d'Orléans chassant les Anglais, petite vignette par Cochin.
Jeanne d'Arc, portrait équestre, par L. Gautier. — La
même, tirée de la galerie cardinale. Cinq pièces dont une
double.

902 — Pourtrait d'une Tapisserie faite y a deux cens ans ou
est representé le Roy Charles VII allant faire son entrée
en la ville de Rheims pour y estre sacré à la conduite de
la Pucelle d'Orleans, 1429. Gravé par Poinssart. In-fol. en
largeur.

> Bonne épreuve.

903 — *Arco* (Agnès-Françoise Lelouchier, comtesse d'), par
Vermeulen, d'après Vivien. In-fol.

> Très belle épreuve, avec marge.

904 — *Armagnac* (Mademoiselle d'), en pied, par A. M. Wol-
fang. In-fol.

> Belle épreuve.

905 — *Arnauld* (la mère Marie-Angélique), Abbesse de Port-
Royal, par Van Schuppen, d'après Champaigne. In-fol.

> Belle épreuve, avec marge.

906 — La même, gravée par Boulanger. In-4°.

> Belle épreuve.

907 — Le même portrait. — La R. mère Catherine Agnès de
Saint-Paul Arnauld, ci-devant abbesse de Port-Royal, gravé
par Boulanger, d'après Champaigne. Deux portraits in-4°
faisant pendant.

> Belles épreuves, avec marge.

908 — *Arnauld* (la mère Marie-Angélique), abbesse de Port-
Royal. Fac-similé de la collection Lenoir.

909 — Plan de l'abbaye de Port-Royal des Champs, à vol
d'oiseau. — Abbaye de Port-Royal des Champs. — Le
chœur des Religieuses de Port-Royal des Champs. —
Avant-chœur ou chapelle des religieuses de Port-Royal
des Champs. — Église de l'Abbaye de Port-Royal des

Champs, dédiée à la sainte Vierge, l'an 1230, sous Grégoire IX. Suite de cinq pièces in-fol., gravées par Bocquet, d'après Magdeleine Hortemels.

Très belles épreuves. Rares.

910 — Plans, vues, coutumes et cérémonies religieuses de Port-Royal des Champs. Suite de quinze pièces in-8°, gravées par Magdeleine Hortemels, femme Cochin.

Très belles épreuves. Rares.

911 — Petit fleuron, représentant la vue intérieure de l'église de l'abbaye de Port-Royal. Rare.

912 — Huit pièces. Vues, Plans, Coutumes et Cérémonies de la même abbaye, publiées chez Gautrot.

Très belles épreuves. Rares.

913 — Prière des dames de Port-Royal, avant leur travail, dans un cadre ornementé, sur lequel sont les portraits des trois mères Arnauld, abbesses de Port-Royal, en bas la vue de l'Abbaye et en haut la vue de la salle de travail. Rare.

914 — Destruction de Port-Royal des Champs, arrivée le 30 octobre 1709. Trois pièces sur le même sujet, gravées à l'eau-forte.

915 — *Aubert* (Mlle), sociétaire du Théâtre Français, par Grevedon — *Audley* (Lady), fac-similé d'après le dessin d'Holbein. — *Aulnoy* (M. C. le Jumel de Berneville, comtesse d'), par Basan, de la suite d'Odieuvre. Trois pièces.

916 — *Bandettinia* (Teresia), célèbre cantatrice, gravé par Rosaspina, d'après A. Kauffmann. In-4°.

Très belle épreuve, avec marges.

917 — *Bade* (le Prince et la Princesse Louis de). — Deux portraits en pied, publiés chez Mariette.

Belles épreuves.

918 — *Bade* (la Princesse de), enfant, gravé par Girard, vers 1830. In-fol.

919 — *Balzac d'Entragues* (Henriette de), Marquise de Verneuil, par Th. de Leu (R. D., 501).

    Belle épreuve.

920 — *Beauchamp* (Lady), gravé par Nuifter, d'après Reynolds. In-4°.

    Très belle épreuve.

921 — *Bedford* (Anna, comtesse de), gravé par Lombard, d'après Van-Dyck. In-fol.

    Belle épreuve.

922 — *Bellamy* (George-Anne), actrice du théâtre de Covent-Garden. — Désespoir de Mlle Bellamy sur les marches du pont de Westminster. Deux pièces in-8°, gravées par Maradan.

    Belles épreuves.

923 — *Bernhardt* (Mademoiselle Sarah), du Théâtre-Français. Une des plus grandes comédiennes de nos jours, gravé à l'eau-forte par L. Mauziès. In-fol.

    Épreuve avant la lettre, sur chine.

924 — *Bingham* (The Honourable Miss), gravé par Bonnefoy, d'après Reynolds. — La même, gravée par A. Legrand, en couleur, aussi d'après Reynolds. Deux pièces.

    Belles épreuves.

925 — *Birague* (Madame de), fac-similé de la collection Lenoir.

926 — *Blancheau* (Mlle), maîtresse de Santerre, d'après lui-même, gravé par Catherine Duchesne. In-fol.

    Belle épreuve.

927 — *Blois* (Jeanne de), seconde femme de Philippe de Croy, par J.-D. Bye. In-fol. en pied.

    Superbe épreuve. Rare.

928 — *Bonfoy* (Lady), par Mac-Ardell, d'après Reynolds. In-fol.

    Belle épreuve.

929 — *Borow* (Lady). — *Barkley* (Lady). Deux portraits. Fac-simile, d'après Holbein.

930 — *Boucher* (Marie-Françoise Perdrigeon, épouse d'Étienne Paul), gravé par C. Dupuis, d'après Raoux. In-fol.

Très belle épreuve, avec marges.

931 — Le même portrait, gravé en contre-partie, par Bertin, sous le titre de : La Prêtresse de Vesta.

Très belle épreuve, avec marge.

932 — *Bouflers* (la comtesse Amélie de), représéntée en pied, assise dans un paysage, gravé en couleur par Colinet. In-fol.

Très belle épreuve.

933 — *Boulanger* (Mme) du théâtre de l'Opéra-Comique, gravé par Audouin, d'après Rouget. In-4°.

934 — *Boursier* (Louise Bourgeois, femme du sieur), sage-femme, par Th. de Leu (R. D., 324).

Belle épreuve.

935 — *Bouthillier* (Marie de Bragelonne, veuve de Claude Le), par Nanteuil (R. D., 57).

Très belle épreuve, du 4me état, avec l'empreinte de la planche accessoire reproduisant six vers. Marge.

936 — *Brantomme* (Mme de), fac-similé de la collection Lenoir. — *Butz* (Lady), fac-similé d'après Holbein. — Brandebourg (Madame l'Electrice de) en pied, chez Berey. Trois portraits. In-fol et in-4°.

937 — *Lady Bunbury* (née Sarah Lenox, sœur du duc de Richmond), gravé par Fisher, d'après J. Reynolds. In-fol., manière noire.

Superbe et très rare épreuve avant la lettre. Marge.

938 — La même estampe.

Très belle épreuve avec la lettre, marge.

939 — *Camargo* (Mlle), célèbre danseuse, gravé par L. Cars, d'après Lancret. In-fol. en largeur.

Très belle épreuve, avec l'adresse de l'auteur et celle de la veuve Chéreau, qui, plus tard, furent remplacées par celle de Surugue.

940 — *Cantecroix* (Béatrix de Cusance, princesse de), par P. de Jode, d'après Van-Dyck. In-fol.

Très belle épreuve, du 1er état, avec l'adresse de J. Meyssens.

941 — La même, gravée par Daret et Montcornet. Deux portraits in-8.

942 — *Canarvaen* (Anne-Sophie, comtesse de). — *Carlile* (Lucia, comtesse de). — *Carlile* (Margarita, comtesse de). Trois portraits in-fol. gravés par Lombart, d'après Van-Dyck.

Belles épreuves.

943 — *Caroline*, princesse d'Orange, gravé par Houbraken, en 1754. In-fol. Deux épreuves.

944 — *Carolina* Matilda, reine de Danemark, par Watson, d'après Cotes. In-fol.

Très belle épreuve, avant la lettre.

945 — Le même portrait.

Très belle épreuve, avec la lettre.

946 — *Carpenter* (lady Almeria), par Watson, d'après Reynolds. In-fol.

Très belle épreuve.

947 — *Carriera* (Rosalba), peintre célèbre. Deux portraits différents, dont un avant la lettre.

948 — *Castlekaven* (Élisabeth, comtesse de), par Lombard, d'après Van-Dyck. In-fol.

949 — *Catherine* de Bourbon, duchesse de Bar, sœur de Henri IV, par Th. de Leu (R. D., 309).

Belle épreuve.

950 — *Catherine* de Bourbon, duchesse de Bar, sœur de Henri IV, par Th. de Leu (R. D., 311).

Belle épreuve, avec marge.

951 — *Catherine* Howard, par Vermeulen, d'après Van der Werff. In-fol. — *La même*, fac-similé, d'après Holbein. — *Catherine* d'Aragon, par Vermeulen, d'après Van der Werff. In-fol.

952 — *Catherine* de Médicis, reine de France. Deux portraits la représentant en deux différents âges. Fac-similé aux trois crayons de la collection de J. Niel. Premières épreuves avant la lettre. — *La même*, fac-similé de la collection Lenoir. Trois pièces.

953 — *Catherine* Opolinska, reine de Pologne. En pied et grand costume, gravé par de Larmessan, d'après Vanloo. In-fol.
Belle épreuve.

954 — *Catherine* Paar, 6ᵉ femme de Henri VIII, par Vermeulen. In-fol. — *Catherine* de Bragance, épouse de Charles II, roi d'Angleterre, par A. de Blois. In-fol. Deux pièces.

955 — *Catherine* Iʳᵉ, impératrice de Russie et l'empereur Pierre le Grand donnant audience au frère de l'impératrice. Vignette in-8, gravée par de Longueil, d'après Marillier. Deux épreuves, dont une avant la lettre.

956 — *Catherine II*, impératrice de Russie, gravé par Lante. In-fol.
Belle épreuve.

957 — La même, gravé par Beisson, d'après Houdon. In-fol.
Très belle épreuve.

958 — La même, gravé par J. Barbié, d'après J. C. de Mailly. In-8.
Très belle épreuve, avec marge.

959 — La même. Deux portraits différents, par Saint-Aubin. In-8.
Belles épreuves, avec marge. Un est avec la tablette blanche.

960 — La même. Deux portraits in-8, gravés par Gaucher et Mansfelds.
Belles épreuves, avec marge.

961 — *Catherine-Charlotte*, duchesse de Bavière, gravé par Matham, d'après J. Spielberger. In-fol.
Très belle épreuve, avant toute adresse.

962 — *Chardin* (Fra.-Marg. Pouget, femme de), peintre du Roi, gravé par Cars, d'après Cochin. In-8.

Belle épreuve.

963 — *Charlotte-Augusta* d'Angleterre, princesse de Galles, épouse du prince Léopold de Cobourg, gravé par Meyer, d'après Chalon. In-fol. en pied.

Très belle épreuve.

964 — *Charlotte-Augusta*, princesse royale d'Angleterre, épouse de Frédéric II, duc, puis roi de Wurtemberg. En pied, se promenant dans un jardin. Gravé en couleur par Heideloff. In-fol.

Belle épreuve. Rare.

965 — *Charlotte-Félicité* de Hanovre, duchesse de Modène. — Le duc de Modène. Deux portraits en pied, publiés chez Trouvain et Mariette. In-fol. — *Charlotte-Marie* de Lorraine. In-8, par Daret. Trois pièces.

966 — *Charlotte*, princesse royale de Belgique et épouse de Maximilien d'Autriche, empereur du Mexique. In-fol. avant toutes lettres.

Belle épreuve, sur chine.

967 — *Chateaubriant* (Françoise, comtesse de), fac-similé aux trois crayons, de la collection Niel. Épreuve avant la lettre. — *Chateauroux* (Mme de), gravé par Ceroni. Epreuve avant la lettre, sur chine. Deux pièces.

968 — *Chaulne* (Françoise de Neufville, duchesse de), gravé par Grignon. In-fol.

Belle épreuve.

969 — *Cheron* (Élisabeth-Sophie), gravé par elle-même (R. D., 1).

Très belle épreuve, du 1er état, avant toutes lettres.

970 — Le même portrait.

Épreuve du 3me état.

971 — *Cheverny* (Françoise de Chabot, comtesse de), fac-similé de la collection Lenoir. — *Chevreuse* (Marie de Rohan, duchesse de), par Daret. Deux pièces.

972 — *Christine* de France, duchesse de Savoye, fille de Henri IV, gravé par Rousselet. In-fol.

Belle épreuve, plus la même gravée par Frosne. In-8. Deux pièces.

973 — *Christiana*, regina Boehmia, gravé par Bause, d'après Graff. In-fol.

Très belle épreuve.

974 — *Christine*, reine de Suède, gravé par C. Visscher. In-fol.

Très belle épreuve. Rare.

975 — *La même*, gravé par Nanteuil. In-4. — *La même*, par Ceroni. Epreuve avant la lettre. Deux pièces.

976 — *Clairon* (Mlle), actrice, gravé par G.-Ph. Benoist. In-8.

Très belle épreuve.

977 — La même, couronnée par Melpomène, gravé par Le Mire, d'après Gravelot. In-4.

Très belle épreuve.

978 — La même, gravé en couleur, par Janinet. In-8, tiré du *Journal dramatique*.

979 — Concours pour le prix de l'étude des têtes et de l'expression, fondé à l'Académie royale de peinture, par M. le comte de Caylus, gravé par Flipart, d'après Cochin le fils. (La femme représentée assise et posant devant le concours est Mlle Clairon.)

Superbe épreuve, avec marge.

980 — *Claude*, reine de France, épouse de François Ier, fac-similé aux trois crayons, de la collection Niel. Épreuve avant les noms d'éditeur et d'imprimeur. — La même. Deux portraits différents, fac-similé de la collection Lenoir. La même. Deux pièces de la galerie de Versailles. En tout cinq pièces.

981 — *Clément* (Catherine Touchelée, Mme Hilaire), gravé par Roullet, d'après Cotelle. In-fol.

Très belle épreuve, avant la lettre. Marge.

982 — *Coligny* (Louise de), épouse de Guillaume Iᵉʳ d'Orange, dit le Taciturne, gravé par Delff, d'après Mierevelt. In-fol.

> Belle épreuve, avec marge.

983 — La même, gravé par Houbraken. In-fol. Deux épreuves.

984 — *Colombe* (Mˡˡᵉ) l'aînée, de la Comédie italienne, gravé par Delatre, d'après Lemoine. In-8. — La même, représentée dans un de ses rôles. In-8, en couleur. Deux pièces.

985 — *Condé* (Charlotte Catherine de La Trémouille, seconde épouse d'Henri Iᵉʳ de Bourbon, prince de), fac-similé aux trois crayons de la collection Niel. — *La même*, gravé par Miger, d'après Le Monnier. In-4. Deux pièces.

986 — *Condé* (Claire-Clémence de Maillé-Brézé, princesse de). In-8, par Daret. — La même, gravé par Ceroni. Épreuve avant la lettre. Deux pièces.

987 — *Condé* (Caroline de Hesse-Rhinfelds, duchesse de Bourbon), femme de Louis-Henri, premier ministre de Louis XV, en 1723. Gravé par Jacob. In-4.

> Belle épreuve.

988 — *Condé* (Louise-Marie-Thérèse-Bathilde d'Orléans, duchesse de Bourbon), gravé par Le Beau, d'après Le Noir. In-4.

> Très belle épreuve, avec marge.

989 — *Contat* (Mˡˡᵉ), de la Comédie-Française, dans le rôle de Suzanne, du Mariage de Figaro. Gravé en couleur, par Coutellier. In-4.

> Superbe épreuve, du 1ᵉʳ état, avec l'adresse du graveur. Marge.

990 — Le même portrait.

> Superbe épreuve, du 2ᵐᵉ état, avec l'adresse de Mondhare. Grandes marges.

991 — La même, gravé par Dupin, d'après Desrais. In-8.

> Superbe épreuve.

992 — *Conti* (Jeanne de Coesme, princesse de), par Th. de Leu (R. D., 350).

> Belle épreuve.

993 — *Conti* (Louise de Lorraine, princesse de), par Th. de Leu
(R. D., 352).

Belle épreuve, avec marges.

994 — La même. Deux portraits différents, fac-similé de la
collection Lenoir. In-fol.

995 — *Conty* (Anne-Marie Martinozzi, princesse de), par Regnesson, d'après Beaubrun. In-8.

Superbe épreuve, avec marge. Rare.

996 — *Conti* (Anne-Marie Martinozzi, princesse de), gravé par
Vangelisty, d'après Petitot. In-8.

Très belle épreuve.

997 — *Conti* (Fortunée-Marie d'Est, princesse de), gravé par
Saint-Aubin, d'après Cochin. Médaillon sur une feuille en
regard d'une vue intérieure de l'église de Saint-Chaumont.

Belle épreuve.

998 — *Conti* (Marie-Thérèse de Bourbon, princesse de), par
de Larmessin. — La même, en pied, à Paris, chez Trouvain. — *Conti* (Anne-Marie Martinozzi, princesse de), par
de Larmessin. Trois pièces.

999 — *Cockburn* (Lady), avec ses enfants, gravé par Wilkin,
d'près Reynolds. In-fol.

Très belle épreuve.

1000 — *Courselle* (Marie de Neufville, dame de), gravé par
Grignon. In-fol,

Très belle épreuve.

1001 — *Coventry* (Barbara, comtesse de), gravé par Speers,
d'après Reynolds. In-fol.

Belle épreuve.

1002 — *Coypel* (Madame), gravé par Elisabeth Marlié Lépicié,
d'après Ch. Coypel, sous ce titre : *La Jeunesse sous les
habillements de la décrépitude.* In-fol.

Très belle épreuve, avec marge.

1003 — *Crieuse* (Miss), et sa sœur, gravé par Brokshaw,
d'après Raynolds. In-fol.

Belle épreuve.

1004 — *Culenborch* (Catherine, comtesse de) gravé par Delff, d'après Mierevelt. In-fol.
Très belle éreuve.

1005 — *Czernichew* (Marie-Petrowna, comtesse), gravé par Pether, d'après Greuze. In-fol., manière noire.
Très belle épreuve, sur chine, de la plus grande rareté.

1006 — *Czartoryska* (Isabella), en pied, par Testolini, d'après Cosway. In-fol., en couleur.
Superbe épreuve.

1007 — *Dauberval* (Théodore), petit buste dans un médaillon, gravé par Legoux, d'après Le Fèvre. In-8.
Belle épreuve.

1008 — *Desgarcins* (Madame), célèbre cantatrice, gravé par Beljambe, d'après Monnet. In 4.
Très belle épreuve, avec marge.

1009 — *Deshoulières* (Madame), fac-similé de la collection Lenoir. — La même, par Ceroni. — La même, par Schmidt, de la suite d'Odieuvre. Deux épreuves, dont une avec l'adresse, quatre pièces.

1010 — *Desmares* (Christine-Antoinette-Charlotte), actrice française, gravé par Lepicié. In-fol.
Très belle épreuve, avec marge.

1011 — *Devoniæ* (Elisabeth, comtesse), par Lombart, d'après Van-Dyck. In-fol.
Belle épreuve.

1012 — *Diane* d'Angoulême, fille naturelle de Henri II, fac-similé aux trois crayons de la collection Niel, première épreuve.

1013 — *Diane* de Poitiers, duchesse de Valentinois, fac-similé de la collection Niel. — La même, trois portraits différents, fac-similé de la collection Lenoir. — La nymphe de Fontainebleau, d'après un plat de B. Palissy, etc., six pièces.

1014 — *Dino* (la duchesse de), — Dorset (la marquise de), fac-similé d'après Holbein. Deux pièces.

1015 — *Dubarry* (la comtesse), gravé par Le Beau, d'après Drouais et Marillier. In-8.

Superbe épreuve, marge.

1016 — La même, gravée par Watson, d'après Drouais. In-fol., en manière noire.

Superbe épreuve, avant la lettre. Très rare.

1017 — La même, gravé au crayon rouge, par Bonnet, d'après Drouais. Grand in-fol.

Très belle épreuve. Rare.

1018 — La même, par Bovinet. In-8.

Belle épreuve, avec marge.

1019 — La même, sans nom de graveur, d'après Drouais, In-8.

Très belle épreuve, avec marge.

1020 — La même, par Ceroni, épreuve avant la lettre. — La même, par Cazenave, d'après Mme Lebrun. Deux pièces.

1021 — Repos de chasse (Mme Dubarry représentée assise au milieu de plusieurs chasseurs), gravé par Moitte, d'après Benard. In-fol.

Très belle épreuve, avec marge.

1022 — Buste de femme, coiffé d'un chapeau bergère, que l'on dit être le portrait de Mme *Dubarry*, gravé par Pitteri. In-fol.

Très belle épreuve.

1023 — Du Chastelet (Mme), gravé par Lempereur, d'après Monnet. In-4.

1024 — *Duchesnois* (Mlle), actrice française. Deux portraits par De Launay et Lefèvre. — *Dufrenoy* (Mlle), litographié par Maurin. — *Dungarvon* (Lady-Emilie), lithographiée par Mat. Quatre pièces.

1025 — *Duclos* (Marie-Anne de Châteauneuf, dite Mlle). comédienne, gravé par Desplaces, d'après Largillière. In-fol.

Très belle épreuve, grandes marges.

1026 — *Du Gazon* (Mme), de la Comédie italienne, publié chez Mondhare. In-4., en couleur.
> Très belle épreuve, grandes marges.

1027 — La même, gravé par Monsaldy, d'après Isabey. In-8, couleur.
> Très belle épreuve.

1028 — La même, gravé par un maître d'écriture, la figure en couleur. In-fol.
> Très belle épreuve. Rare.

1029 — *Duncombe.* (Lady Charlotte), gravé par Wilkin, d'après Hoppner. In-4.
> Très belle épreuve.

1030 — *Duplant* (Rosalie) de l'Académie royale de musique, gravé par Elluin, d'après Le Clerc. In-fol.
> Très belle épreuve, avec marge.

1031 — *Dupré* (Mlle), par Ceroni. — Duval (Elisabeth), fac-similé aux trois crayons de la collection Niel. Deux pièces.

1032 — *Dutey* (Mlle), actrice française, gravé par Le Beau, d'après L'Aîné. In-8.

1033 — La même, gravé par Le Beau, d'après Dugoure, sous la figure de : *Roxelane.* In-4.
> Très belle épreuve, avec marge.

1034 — *Elbeuf* (Catherine-Henriette de Bourbon, duchesse d'), gravé par Frosne. In-fol.
> Très belle épreuve.

1035 — *Elbeuf* (la comtesse d'), par Chaponnier, d'après Fleury. In-fol.

1036 — *Eléonore* d'Autriche, reine de France, par Th. de Leu (R. D., 357). — La même, fac-similé aux trois crayons de la collection Niel. Deux pièces.

1037 — *Eléonore*-Madeleine-Thérèse de Neubourg, troisième femme de l'empereur Léopold. Deux portraits. In-fol., en pied, publiés chez Landry et Bonnart.
> Belles épreuves.

1038 — *Elisabeth*, reine d'Angleterre, à mi-corps, Paul de La Houe excud. In-4.

Très belle épreuve. Rare.

1039 — La même reine, en pied, par Van-Sichem. In-4.

Très belle épreuve, avant le texte au verso.

1040 — La même reine, par Vermeulen. In-fol. — La même, par Aubert. In-8. — La même, représentée sur son tombeau, par Du Bosc, d'après Gravelot. Trois pièces.

1041 — *Elisabeth* d'Autriche, reine de France, fac-similé aux trois crayons de la collection Niel. — *Eliot* (Lady), fac-similé, d'après Holbein. Trois pièces.

1042 — *Elisabeth*, reine de Bohême, par Vertue, in-fol. — *La même*, par Gunts. In-fol. — *La même*, fac-simile de la collection Lenoir. Trois pièces.

1043 — *Elisabeth*, fille de Henri II et épouse de Philippe II, roi d'Espagne, fac-similé de la collection Lenoir. — La même, tiré de Montfaucon. — *Elisabeth* de Bourbon, reine d'Espagne, épouse de Philippe IV, fac-similé de la collection Lenoir. Trois pièces.

1044 — *Elisabeth* de Bourbon, reine d'Espagne, épouse de Philippe IV, par Vermeulen. In-fol. — La même, par P. de Jode, in-4. Deux pièces.

1045 — *Élisabeth Petrowna*, impératrice de Russie, fille de Pierre le Grand, par Wagner, d'après Amiconi, in-fol.

Belle épreuve.

1046 — La même, d'après Moreau le jeune, par Defehrt, in-8.

Belle épreuve.

1047 — *Elisabeth*, Marie-Josèphe future reine de Portugal, par J. Gole. In-fol. — *Elisabeth* d'York et Henri VII. Deux portraits, par Gunst. Trois pièces.

1048 — *Essler* (Fanny), célèbre danseuse, lithographié par Salabert. In-fol. — La même, dans le ballet du *Diable boiteux*, par Deveria. Deux pièces.

1049 — Epinay (Mme de Lalive d'), amie de J.-J. Rousseau, par Mme Tardieu, d'après Jeaurat, sous ce titre : *Le Joli dormir*. In-fol.

Très belle épreuve, avec grandes marges.

1050 — *Espernon* (A.-L.-C. de Foix, de la Valette d'), religieuse, par G. Edelinck (R. D., 195).

Très belle épreuve, marge.

1051 — *Estrées* (Gabrielle d'), marquise de Monceaux et duchesse de Beaufort, par Th. de Leu (R. D., 365). — Le même portrait, copie italienne. — La même, gravé par Ficquet dans la suite d'Odieuvre. Trois pièces.

Très belles épreuves.

1052 — La même, fac-similé des collections Lenoir et Niel. — *Estampes* (la duchesse d'), — la belle *Ferronière*, maîtresses de François Ier, etc. Cinq pièces.

1053 — *Falcon* (Cornélie), costume de Rachel, dans la *Juive*, par Deveria. In-fol.

1054 — *Favart* (Mme), actrice dans le rôle de Bastienne, gravé par Daullé, d'après Vanloo. In-fol.

Très belle épreuve, avec marges.

1055 — La même, gravé par Flipart, d'après Cochin. In-8. Épreuve de premier état. — Vignettes d'après Gravelot, pour frontispice du tome IV des Œuvres de Favart, où Mme Favart est représentée jouant de la lyre. Deux pièces.

1056 — *Fay* (Léontine). — Jenny Colon et Jenny Vertpré, représentées sur une même feuille, par Grevedon. In-fol.

1057 — *Fay* (Mlle). Eau-forte, par J. de Goncourt, d'après La Tour.

1058 — *Fish* (Miss Charlotte), gravé par Watson, d'après Reynolds. In-fol.

Belle épreuve.

1059 — *Florence* (la duchesse de), gravé par Presler en 1737. In-fol.

Très belle épreuve, avant la lettre.

1060 — *Fontanges* (Marie-Angélique de Scoraille de Roussille, duchesse de), par Ficquet. Épreuve de premier état, avec l'adresse d'Odieuvre. — La même, par Ceroni, d'après Petitot. Épreuve avant la lettre. Deux pièces.

1061 — *Fordyce* (M^rss), gravé par Watson, d'après Willison. In-fol. Manière noire.

    Belle épreuve.

1062 — *Fréderique-Louise Vilhelmine* de Prusse, princesse hériditaire d'Orange et de Nassau, gravé en couleur par Descourtis. In-fol.

    Très belle épreuve, avec marge. Rare.

1063 — *Frédérique-Sophie Guilhelmine* de Prusse, princesse d'Orange, gravé en manière noire, par Green. In-fol.

    Très belle épreuve.

1064 — La même, représentée à cheval, suivie d'un groupe de cavaliers, gravé par Vinkeles, d'après Haag. In-fol.

    Très belle épreuve, grandes marges.

1065 — *Genlis* (Stéphanie-Félicité, comtesse de), par Copia, d'après Miris. In-8. — La même, gravé par Lignon, d'après Mme Cheradame. In-4. Deux pièces.

1066 — La Mère Gigogne, caricature en couleur sur Mme de Genlis. In-4.

1067 — *Geoffrin* (Mme), gravé par Miger. In-4. Épreuve avant la lettre. — Le même portrait, avec la lettre. Deux pièces.

    Très belles épreuves.

1068 — *Gideon* (Lady), par Watson, d'après Reynolds. In-fol.

    Belle épreuve.

1069 — *Girardin* (Mme Émile de). Dessin aux trois crayons. In-fol.

1070 — *Girardin* (M. et Mme Émile de). Deux portraits in-4. gravés par Masson.

1071 — *Gonzague* (Hippolyte de), fille de Ferdinand, par N. Beatriset (R. D., 39).

    Très belle épreuve, du 1er état. Rare.

1072 — *Grafigny* (Mme de), gravé par J. Dagoty, d'après Garand. In-4.

> Très belle épreuve.

1073 — La même. Deux portraits différents. In-4 et in-8, par Levêque et Cathelin.

> Belles épreuves.

1074 — *Grandval*, acteur, gravé par Ph. Le Bas, d'après Lancret. In-fol., en largeur.

> Très belle épreuve, avec marge.

1075 — *Grassini* (Mme), dans le rôle de Zaïre, gravé par S.-W. Reynolds, d'après Mme Lebrun. In-fol.

> Très belle épreuve, avec marges.

1076 — *Greenway* (Miss), par Corbutt, d'après Reynolds. In-fol.

> Très belle épreuve.

1077 — *Greuze* (Mme), gravé par Aliamet, d'après Greuze, sous le titre de : *La philosophie endormie.*

> Superbe et très rare épreuve, avant toutes lettres, presque à l'état d'eau-forte.

1078 — La même estampe.

> Très belle épreuve, avec la lettre.

1079 — *Greuze* (Mme). Études faites pour son portrait, gravées au crayon rouge, par Demeuse et Bonnet, d'après Greuze. In-fol. Deux pièces.

1080 — *Grignan* (Mme) de). Fac-similé de la collection Lenoir. La même, par Ceroni, d'après Petitot, avant la lettre. — *Gonzague* (Anne de), par Ceroni, d'après Petitot, avant la lettre. Trois pièces.

1081 — *Guillonville* (Mme de), gravé par C. Campion en 1772. In-4.

> Très belle épreuve avant la lettre, grandes marges.

1082 — *Guyard* (Marie-Elisabeth J.-B.), épouse de Messire Ch.-P. de Bourgevin de Moligny de Vialart. Gravé par Fessart d'après Martin. In-fol.

> Très belle épreuve.

1083 — *Habert de Montmor* (Henriette-Marie de Buade Frontenac), femme de Henri-Louis, gravé par Mellan. In-fol.

Superbe épreuve, avec marge.

1084 — *Habert* (la vénérable sœur Françoise), par Mellan. In-8.

Belle épreuve, avec marges.

1085 — *Hamilton* (Elisabeth, duchesse de). Gravé par Lowry, d'après Read. In-fol. manière noire.

Belle épreuve.

1086 — *Halincourt* (Jacqueline de Harlay, dame d'), par Van Meerlen. In-fol.

Belle épreuve.

1087 — *Hannetaire* (Eugénie), actrice, gravé par Chevillet, d'après Le Gendre, sous le titre de : *La Jeune Sultane.* In-fol.

Très belle épreuve, avec marges.

1088 — *Harlay* (Marie-Anne de), abbesse de l'Abbaye-au-Bois, gravé par M. Tardieu. In-4.

Belle épreuve.

1089 — *Hart* (Miss Emma), gravé par Smith, d'après Reynolds, sous le titre de : *A. Bachante.* In-fol.

Très belle épreuve.

1090 — *Henriette-Marie* de France, épouse de Charles Ier, roi d'Angleterre. Gravé par P. de Jode, d'après Van-Dyck. In-fol.

Très belle épreuve.

1091 — La même. Fac-similé de la collection Lenoir. — La même, par Chambers, d'après Van-Dyck. In-fol. — Henriette d'Angleterre, duchesse d'Orléans, par Ceroni, d'après Petitot. Épreuve avant la lettre. Trois pièces.

1092 — *Henriette* de Lorraine, princesse de Phalsbourg, par C. Galle, d'après Van-Dyck.

Très belle épreuve, du 1er état, avec l'adresse de J. Meyssens.

1093 — *Herbert* (Pénélope-Domina), par Lombart, d'après Van-Dyck. In-fol.

Belle épreuve.

1094 — *Hobby* (Lady), — *Henegham* (Lady), — *Holbein* (la femme de), — *Jak* (Mother), 4 portraits fac-similé d'après Holbein.

1095 — *Hope* (M⁽ᵉˢˢ⁾ Williams), gravé par Hodge, d'après Reynolds. In-fol.

Belle épreuve.

1096 — *Huddisford* (M⁽ᵉˢˢ⁾), gravé par Meyer, d'après Reynolds. In-fol.

Belle épreuve, avec marge.

1097 — *Huet* (Mᵐᵉ), représentée jouant de la mandoline, gravé aux trois crayons par Demarteau, d'après Huet. In-fol.

Très belle épreuve.

1098 — La même, représentée en Bacchante, aux trois crayons, par Demarteau, d'après Huet. In-4.

Belle épreuve.

1099 — *Isabelle-Claire-Eugénie*, infante d'Espagne, souveraine des Pays-Bas, en costume de l'ordre de Saint-François, par Vosterman, d'après Van-Dyck.

Très belle épreuve, du 2ᵐᵉ état, avec les lettres G. H. Rare. Marges.

1100 — Le même, gravé par Hondius, aussi d'après Van-Dyck. In-fol.

Très belle épreuve.

1101 — *Isabelle d'Este*, marquise de Mantoue, par Vermeulen, d'après le Titien. In-fol.

Très belle épreuve avant la lettre.

1102 — *Jacobi* (Mᵐᵉ), sous la figure d'Ariane, gravé par J. Jacobi, d'après Unterberger. In-fol.

Belle épreuve.

1103 — *Jeanne* d'Albret. Deux portraits différents, fac-similé des collections Niel et Lenoir. — *Jeanne* Gray, par Vermeulen. Trois pièces.

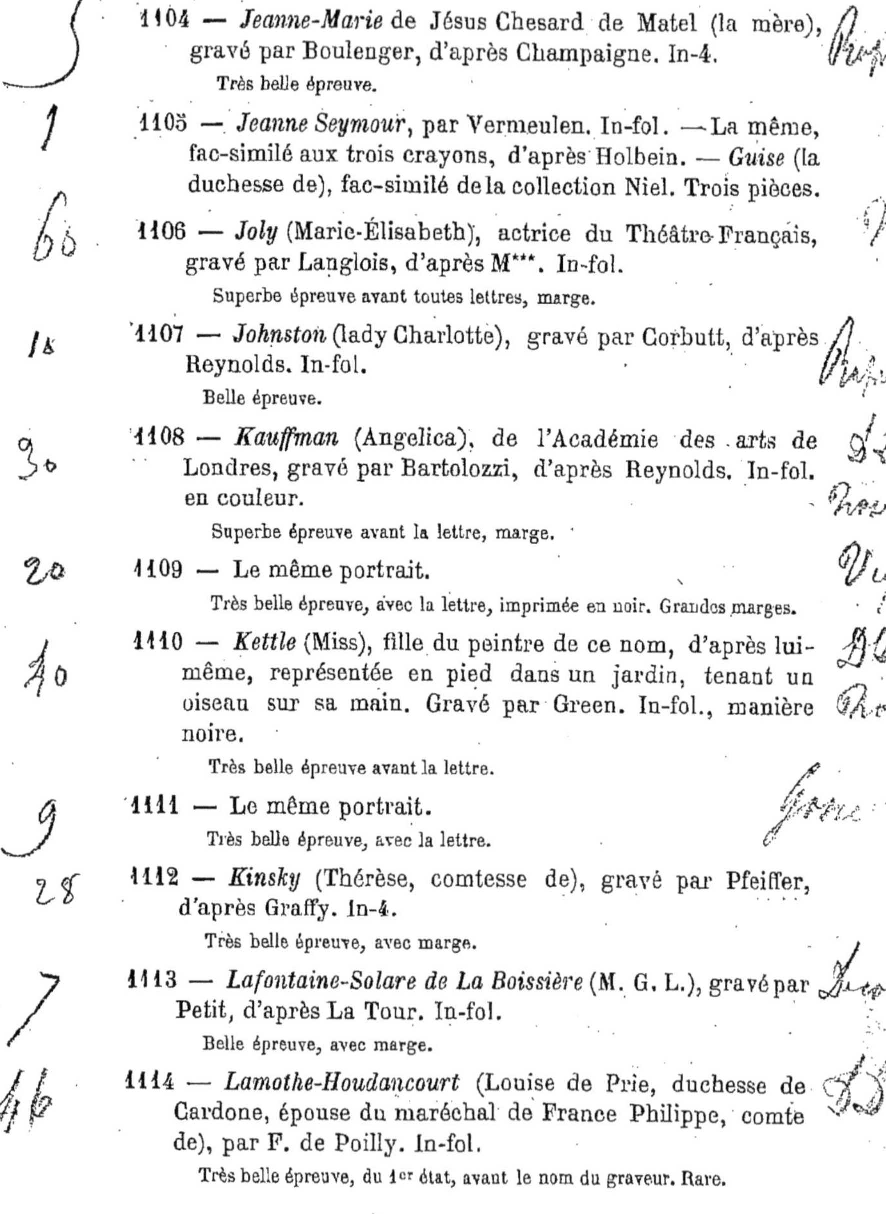

1104 — *Jeanne-Marie* de Jésus Chesard de Matel (la mère), gravé par Boulenger, d'après Champaigne. In-4.

> Très belle épreuve.

1105 — *Jeanne Seymour*, par Vermeulen. In-fol. — La même, fac-similé aux trois crayons, d'après Holbein. — *Guise* (la duchesse de), fac-similé de la collection Niel. Trois pièces.

1106 — *Joly* (Marie-Élisabeth), actrice du Théâtre-Français, gravé par Langlois, d'après M***. In-fol.

> Superbe épreuve avant toutes lettres, marge.

1107 — *Johnston* (lady Charlotte), gravé par Corbutt, d'après Reynolds. In-fol.

> Belle épreuve.

1108 — *Kauffman* (Angelica), de l'Académie des arts de Londres, gravé par Bartolozzi, d'après Reynolds. In-fol. en couleur.

> Superbe épreuve avant la lettre, marge.

1109 — Le même portrait.

> Très belle épreuve, avec la lettre, imprimée en noir. Grandes marges.

1110 — *Kettle* (Miss), fille du peintre de ce nom, d'après lui-même, représentée en pied dans un jardin, tenant un oiseau sur sa main. Gravé par Green. In-fol., manière noire.

> Très belle épreuve avant la lettre.

1111 — Le même portrait.

> Très belle épreuve, avec la lettre.

1112 — *Kinsky* (Thérèse, comtesse de), gravé par Pfeiffer, d'après Graffy. In-4.

> Très belle épreuve, avec marge.

1113 — *Lafontaine-Solare de La Boissière* (M. G. L.), gravé par Petit, d'après La Tour. In-fol.

> Belle épreuve, avec marge.

1114 — *Lamothe-Houdancourt* (Louise de Prie, duchesse de Cardone, épouse du maréchal de France Philippe, comte de), par F. de Poilly. In-fol.

> Très belle épreuve, du 1er état, avant le nom du graveur. Rare.

1115 — Le même portrait.

Très belle épreuve, avec le nom. Marge.

1116 — *Langiron* (Diana, comtesse de) et Albertine, marquise de Balleroi, représentées sur une même feuille, gravé par Pfeiffer. In-8.

1117 — *La Rochefoucauld* (Silvie de La Mirande, comtesse de), fac-similé de la collection Lenoir. — *La Sablière* (Mme de), par Johannot, d'après Colin. Deux pièces.

1118 — *Lavalette* (Mme de), par Huget. In-8. — Sujets relatifs à l'évasion de M. de Lavalette, d'après Vernet et autres. Quatre pièces.

1119 — *La Vallière* (Franc.-L. de La Baume Le Blanc, duchesse de), par N. de Larmessin. In-fol., avec grande coiffure.

Superbe épreuve, du 1er état, avant les contre-tailles sur le corps du lion, dans les armes.

1120 — La même, en costume de carmélite, gravé par Gole. In-4. — La même, représentée en Madeleine, chez Mariette. In-fol.—La même, gravé par Ceroni, d'après Petitot. Épreuve avant la lettre. Trois pièces.

1121 — La même, représentée en buste, tenant un bouquet dans la main, dans un médaillon posé sur un cartouche où est l'inscription. In-fol., pièce sans nom d'auteur.

Très belle épreuve.

1122 — *La Vigne* (Anne de), par Schmidt. Deux épreuves, dont une avec l'adresse d'Odieuvre. — La même, par Duflos, d'après Ferdinand. Trois pièces.

1123 — *Law* (Mme), femme de J. Law, contrôleur général. In-8, collé dans un encadrement grotesque, avec inscription hollandaise. Rare.

1124 — *Le Brun* (Mme Vigée), gravé par J. G. Muller, d'après elle-même. In-fol.

Très belle épreuve avant toutes lettres. Rare.

1125 — La même, représentée tenant sa fille sur ses genoux, d'après elle-même, gravé par Avril, sous le titre de : La Tendresse maternelle. In-fol.

Belle épreuve.

1126 — La même, tenant sa palette et son pinceau, assise, gravé en couleur, par Bartolozzi. In-4, sans marge.

1127 — *Lecomte* (Marguerite), gravé à l'eau-forte, par Watelet. In-8.

Très belle épreuve avant la lettre.

1128 — La même, en pied, représentée en couseuse, aussi par Watelet. In-8.

Très belle épreuve avant la lettre.

1129 — La même, en buste, gravé par Watelet, d'après Cochin. In-8.

Superbe épreuve avant la lettre.

1130 — La même, gravé par Lempereur, d'après Watelet. In-8.

Belle épreuve.

1131 — Différentes vues du Moulin-Joli, campagne de Marguerite Lecomte, gravées par Saint-Non, d'après Le Prince. Suite de huit pièces.

Très belles épreuves.

1132 — *Lecouvreur* (Adrienne). — *Legras* (Mme). Deux portraits différents. Trois pièces de la suite d'Odieuvre et Desrochers.

1133 — *Leicester* (Lady), couchée sur un sopha et servie par une esclave. In-fol. en manière noire.

Belle épreuve.

1134 — *Lemaître* (M^ess), gravé par V. Green, d'après Calze. In-fol., manière noire.

Très belle épreuve avant la lettre.

1135 — *Lenclos* (Ninon de), par Schmidt. — La même, par Ceroni, d'après Petitot. Epreuve avant la lettre. — La même. Deux portraits différents, fac-similé de la collection Lenoir. Quatre pièces.

1136 — *Lenormant* (Mme), tirant les cartes. Caricature tirée du bon genre. En couleur.

1137 — *Lenox* (lady Catherine Howard, duchesse de), par Arnould de Jode, d'après Van-Dyck. In-fol.

    Belle épreuve.

1138 — *Levasseur* (Mlle Rosalie), de l'Académie royale de musique, gravé par Pruneau. In-4.

    Très belle épreuve, avec marge.

1139 — *Leverd* (Mlle E.), sociétaire du Théâtre-Français, gravé par Mécou, d'après Isabey. In-8.

    Belle épreuve.

1140 — La même, par Calamatta, d'après Deveria. Trois épreuves avant toutes lettres, avant la lettre et avec la lettre.

1141 — *Lieven* (la comtesse de), ambassadrice de Russie à la cour d'Angleterre, en 1823, par Bromby, d'après Lawrence. In-fol.

1142 — *Ligne* (Ernestina, princesse de), comtesse de Nassau, gravé par Natalis, d'après Van-Dyck. In-fol.

    Superbe épreuve, du 1er état, avec l'adresse de J. Meyssens. Rare.

1143 — *Ligtfeld* (Caroline), gravé par J. Dean, d'après Hoppner. In-fol., manière noire.

    Très belle épreuve avant la lettre.

1144 — *Lind* (Jenny) gravé par Herman, d'après Magnus. In-fol. — *Lister* (Lady), fac-similé, d'après Holbein. Deux pièces.

1145 — *Longueville* (Anne-Geneviève de Bourbon-Condé, duchesse de), par Van-Hulle. In-fol. — La même, par Ceroni, d'après Petitot. Épreuve avant la lettre. — Vue de l'hostel de Longueville, par J. Marot. Trois pièces.

1146 — *Longueville* (Marie-Anne d'Orléans), duchesse de Nemours, par Regnesson. In-8.

    Belle épreuve.

1147 — *Longwy* (Françoise de), fac-similé de la collection Lenoir. — *Louise* de Lorraine, reine de France. Deux portraits différents, fac-similé aux trois crayons de la collection Niel. Épreuves avant la lettre. — *Louise* de Savoie, duchesse d'Angoulême, mère de François Ier, fac-similé de la collection Lenoir. Sujets tirés de Montfaucon, sur les mêmes personnages. Sept pièces.

1148 — *Louise-Marie* de Gonzague, reine de Pologne, gravé par Nanteuil. In-4.

1149 — Cérémonie observée au contrat de mariage passé à Fontainebleau, le 25 septembre 1645, entre Vladislas IV, roy de Pologne, et Louise-Marie de Gonzague, princesse de Mantoue et de Nevers. Gravé par A. Bosse. In-fol. en largeur.

> Très belle épreuve.

1150 — *Louise* de Nassau, princesse d'Orange, gravé par Visscher, d'après Hondt-Horst. In-fol.

> Très belle épreuve.

1151 — *Louise-Augusta* (princesse héréditaire de Dancmark et de Norwège), gravé par Clément, d'après Juel. In-fol.

> Belle épreuve.

1152 — *Louise-Ulrique* de Prusse, épouse du roi Frédéric-Adolphe de Suède, gravé par Gaillard, d'après Latenville. In-fol.

> Très belle épreuve, avec marge.

1153 — *Louise* (la reine de Prusse) et le roi recevant l'empereur Alexandre à Memel, gravé par La Belle. — *Louise* B. de Bourbon, duchesse du Maine, par de Larmessin. In-4. Deux pièces.

1154 — *Louise* d'Orléans, reine des Belges, gravé par Manigaud, d'après Diez. In-fol.

1155 — *Loyson* (Mlle), sur un char, gravé par Vallée, d'après F. de Troy. In-fol.

> Très belle épreuve, avec marges.

1156 — *Macauley* (Mme), gravé par Hubert, d'après Bonnieu. In-fol.

> Belle épreuve.

1157 — *Maillard* (Mme), du théâtre des Arts, gravé en couleur, par Alix, d'après Garneray. In-fol.

> Très belle épreuve.

1158 — *Mailly* (Mme de), gravé par Ceroni, avant la lettre. — Maintenon (Mme de), sous le nom de Mme Scarron. Fac-similé de la collection Lenoir. — La même, par Ceroni, avant la lettre. Trois pièces.

1159 — *Maintenon* (Françoise d'Aubigny, marquise de), gravé par P. Giffart. In-fol.

> Très belle épreuve.

1160 — La même, gravé par Fiquet, d'après Mignard. In-8.

> Belle épreuve, avec marge.

1161 — La même, petit buste dans un entourage ornementé, gravé par Mercuri, d'après Petitot. In-8.

> Très belle épreuve, sur chine.

1162 — Le même portrait, première planche gravée par Mercuri.

> Épreuve avant toutes lettres.

1163 — La même, gravé par Ceroni, d'après Petitot. Épreuve avant la lettre. — Mariage de Louis XIV et de Mme de Maintenon. Vignette avant la lettre, d'après Moreau. — La même, gravé par Habert. In-4. Trois pièces.

1164 — Madame, — dame de la plus haute qualité. Deux pièces représentant Mme de Maintenon, en costume, par Trouvain et de Saint-Jean. In-fol. — Femme de qualité déshabillée pour le bain, par de Saint-Jean (on dit Mme de Maintenon). In-fol. Trois pièces.

1165 — Philippe et Louis scient le monde ici. Caricature, avec légende, publiée en Hollande contre Louis XIV, Mme de Maintenon et Philippe, duc d'Anjou, à l'avènement de ce prince au trône d'Espagne. Rare.

1166 — Vue de la maison royale de Saint-Cyr. Quatre pièces, dont deux avant la lettre et une à l'état d'eau-forte.

1167 — *Manners* (Lady Catherine), gravé par Gaugain, d'après Reynolds. In-4.

> Belle épreuve.

1168 — *Mantoue* (le duc et la duchesse de), *Mantoue* (le prince et la princesse de). Quatre portraits en pied, publiés chez Bonnart et Trouvain. In-fol.

1169 — *Marguerite* (Pourtrait au naturel de la Royne), faict en septembre 1605, par Firens. In-8.

> Superbe épreuve.

1170 — La même, gravé par Miger, d'après Vincent. In-4.

1171 — *Marguerite* de Valois, reine de Navarre. — *Marguerite* de France, duchesse de Berri. — *Marguerite* de Valois, première femme de Henri IV. Sept portraits de ces trois femmes célèbres. Fac-similé des collections Lenoir et Niel.

1172 — *Marguerite* d'Angleterre, épouse de Jacques IV, roi d'Écosse. Fac-similé de la collection Lenoir. — La même et son mari. Deux portraits par Valck. In-fol. — *Marguerite* Yolande, princesse de Savoie, par Frosne. In-8. Quatre pièces.

1173 — *Mareilles* (P. B. H. de Letancourt, comtesse de), gravé par Delongueil, d'après Eisen. In-4.

> Très belle épreuve. Rare.

1174 — *Marie*, épouse de Bernard, duc de Saxe-Weimar, gravé par Kilian. — *Marie*, épouse de Guillaume II, de Nassau, prince d'Orange, par Houbraken. Deux portraits in-fol.

> Belles épreuves.

1175 — *Marie* d'Autriche, femme de l'empereur Ferdinand III, par J. Meyssens, d'après Van-Dyck.

> Très belle épreuve, du 1er état, avec l'adresse de Meyssens.

1176 — *Marie Stuart*, reine d'Écosse. Trois portraits différents, dont deux fac-similés des dessins aux trois crayons, publiés par J. Niel, premières épreuves, et la troisième de la collection Lenoir.

1177 — *Marie Stuart*, fille de Jacques II, et épouse du prince d'Orange, depuis roi d'Angleterre sous le nom de Guillaume III. Deux portraits différents, par Gunst et Houbraken. In-fol.

Belles épreuves.

1178 — Cérémonies religieuses, publiées à l'occasion des funérailles de cette Reine, en 1695. Suite de treize pièces gravées par R. de Hooghe.

Très belles épreuves. Rares.

1179 — *Marie Tudor*, reine d'Angleterre. — *Marie* de Lorraine, femme de Jacques V. Deux portraits différents, dont un fac-similé.

1180 — *Marie-Adélaïde*, duchesse de Bourgogne, gravé par Thomassin. In-fol.

Belle épreuve.

1181 — La même, représentée en pied, dans les jardins de Versailles, gravé par Picart. In-fol.

Belle épreuve.

1182 — La cérémonie du mariage de Monseigneur le duc de *Bourgogne*, avec Madame la princesse Marie-Adélaïde de Savoie, chez Bonnart. In-fol.

Très belle épreuve, Rare.

1183 — *Marie-Adélaïde-Clotilde-Xavière* de France, sœur de Louis XVI, princesse de Piémont. Deux portraits différents, gravés par Dambrun et Voyez, d'après Queverdo et Fontaines. In-8.

Belles épreuves.

1184 — *Marie-Amélie*, reine des français, gravé par Laugier, d'après Girard. In-fol.

Deux épreuves, dont une avant la lettre, sur chine.

1185 — *Marie-Anne* de Neubourg, reine d'Espagne (deux portraits différents). — *Marie-Anne-Josephe* de Neubourg, impératrice (deux portraits différents). — *Marie-Anne* d'Autriche, épouse du prince de Neubourg. — *Marie-Elizabeth* et *Marie-Anne*, filles de l'empereur. Sept portraits en pied de la collection Bonnard.

Très belles épreuves.

1186 — *Marie-Anne* de Neubourg, reine d'Espagne, gravé par Gunst. In-fol.

Belle épreuve.

1187 — *Marie-Antoinette*, princesse royale de Pologne, électrice de Saxe, gravé par Canale. In-fol.

Belle épreuve.

1188 — *Maria-Barbara* de Portugal, reine d'Espagne. In-fol., en pied, par Pitteri.

Belle épreuve.

1189 — *Marie-Béatrix*, reine d'Angleterre. — *Marie-Eléonore d'Este*, épouse de Jacques II, roi d'Angleterre. Deux portraits. In-fol., gravés par Gunst et Audran.

1190 — *Marie-Cécile*, princesse ottomane, fille d'Achmet III. In-8, gravé par Gauché.

Très belle épreuve, avec marge.

1191 — *Marie-Jeanne-Baptiste* de Savoie, duchesse de Savoie. In-8, par Trouvain.

Belle épreuve.

1192 — *Marie* de l'enfant Jésus, religieuse. In-8, par Gantrel.

Belle épreuve.

1193 — *Marie-Josephe* de Saxe, dauphine de France. In-fol., par Aubert, d'après de La Tour.

Très belle épreuve, avec marge.

1194 — *Marie-Josephe* de Saxe, dauphine de France, gravé par de Larmessin, d'après Vanloo. In-fol.

Très belle épreuve, grandes marges.

1195 — La même personne; gravé par Wille, d'après Klein. In-fol.
> Belle épreuve, avec marge.

1196 — La même. Buste entouré de figures allégoriques, publié lors de la mort de cette princesse, gravé par Littret. In-fol.
> Belle épreuve, avec marges.

1197 — *Marie Leczinska*, reine de France, en pied et grand costume de cour, gravé par de Lamessin, d'après Vanloo. In-fol.
> Superbe épreuve, avec marge.

1198 — La même, gravé par Petit, d'après Vanloo. In-fol.
> Belle épreuve.

1199 — La même, gravé par Duponchelle, d'après Nattier. In-8.
> Très belle épreuve, avec marge.

1200 — La même, gravé par Ceroni et publié par Blaisot. Avant la lettre, sur chine.

1201 — *Marie-Louise* d'Orléans, reine d'Espagne, gravé par Bouys. In-fol., manière noire.
> Belle épreuve.

1202 — *Marie-Louise*, princesse douairière d'Orange. Deux portraits différents, par Houbraken et Tangé. In-fol., — *Marie* de Médicis, reine de France. In-fol., de la galerie cardinale. Trois pièces.

1203 — *Marie de Médicis*, reine de France, par Th., de Leu (R.-D., 454). In-8.
> Très belle épreuve.

1204 — *Marie de Médicis*, reine de France, par Th. de Leu (R.-D., 453). In-8.
> Très belle épreuve.

1205 — La même, par Firens. In-8.
> Belle épreuve, avec texte au verso.

8

1206 — *Marie de Médicis*, reine régente de France, en pied, assise sur le trône, gravé par Matham. In-fol.

> Superbe et très rare épreuve, avant la vue de la ville d'Amsterdam, dans le fond, à gauche, et avant beaucoup de travaux.

1207 — Le même portrait.

> Épreuve avec la vue et les travaux ajoutés.

1208 — La même, d'après Van-Dyck, par Pontius. In-fol.

> Très belle épreuve, du 2me état, avec l'adresse de Martin van den Enden.

1208 (*bis*) — Le même portrait.

> Épreuve du dernier état.

1209 — La même, gravé par Formazeris. In-8 (R.-D., 52).

> Épreuve avec texte au verso.

1210 — La même, par Hondius. In-fol.

> Très belle épreuve.

1211 — La même, fac-similé de la collection Lenoir. — La même par P. Chenay, d'après un dessin de Rubens. — Chambre à coucher de Marie de Médicis au Luxembourg. Trois pièces.

1212 — *Marie-Sophie-Friederica*, princesse héréditaire de Danemark et de Norwège, par Clemens, d'après Juel. In-fol.

1213 — *Marie-Thérèse*, reine de France, par Pitau, d'après Baubrun. In-fol.

> Très belle épreuve.

1214 — *Marie-Thérèse*, reine de France, — *Maintenon* (la marquise de). — *Marie-Louise* d'Orléans, reine d'Espagne. Trois portraits gravés par Ceroni. Epreuves avant la lettre.

1215 — *Marie-Thérèse* d'Espagne, dauphine de France, en pied et grand costume de cour, par de Larmessin, d'après Vanloo. In-fol.

> Très belle épreuve.

1216 — La même, gravé par Wille, d'après Klein. In-4.

> Belle épreuve.

1217 — *Maria Strick*, par Delphe, d'après Mierevelt. In-8.

1218 — *Marlborough* (Caroline, duchesse de), avec son enfant, par Houston, d'après Reynolds. In-fol.

   Très belle épreuve.

1219 — *Mars* (Mlle), célèbre comédienne, gravé par Lignon, d'après Gérard. In-fol.

   Belle épreuve, avant la lettre.

1220 — *Maupin* (Mlle), dansant à l'Opéra, publié chez Mariette. In-fol. en pied.

1221 — *Mazarin* (Ortance Mancini, duchesse de), par Stephani. In-fol. — La même, gravé par Ceroni, en épreuve, avant la lettre. Deux pièces.

1222 — *Matsys* (la femme de Quantin), gravé par Dalco, d'après lui-même. Deux épreuves dont une avant la lettre, sur chine.

1223 — *Meyer* (Mlle), eau-forte par J. de Goncourt. — La même, lithographié par Maurin, d'après Prud'hon. Deux pièces.

1224 — *Middlesex* (Rachel, comtesse de), par Lombart. d'après Van-Dyck. In-fol. — *Miramion* (Mme de), par Ficquet. Deux épreuves, dont une avec l'adresse d'Odieuvre. — *Mirbel* (Mme de), par H. Dupont. Quatre pièces.

1225 — *Montagu* (M^ess), gravé en bistre par Townby, d'après Reynolds.

   Belle épreuve.

1226 — *Montbazon* (la duchesse de), fac-similé de la collection Lenoir. — La même, gravé par Ceroni, épreuve avant la lettre. — *Montespan* (la marquise de), fac-similé de la collection Lenoir. — La même, par Ceroni, épreuve avant la lettre, sur chine. Quatre pièces.

1227 — *Montespan* (Françoise-Athénaïs de Rochechouart, marquise de), par Picart. In-fol.

   Très belle épreuve, du 1er état, avant l'adresse rue Saint-Jean-de-Beauvais.

1228 — Le même portrait.

   Superbe épreuve, avec l'adresse, grandes marges.

2229 — *Montmorenci* (Louise de Budos, dame de), fac-similé de la collection Lenoir. — Montpensier (la duchesse de). — *Morton* (Anna, comtesse de), par Lombart, d'après Van-Dyck. In-fol., etc. Cinq pièces.

1230 — *Morghen* (Domenica-Volpato), gravé par Morghen, d'après A. Kauffmann.

Belle épreuve avant la lettre, lettres tracées.

1231 — *Nemours* (Elisabeth de Vendôme, duchesse de), femme de Charles-Amédée, duc de Savoie et de Nemours, gravé par Boulanger. In-fol.

Belle épreuve.

1232 — *Nivernois* (Marie-Thérèse de Brancas, duchesse de), gravé en couleur par Bartolozzi. In-4.

Très belle épreuve. Rare.

1233 — *Nevers* (Marguerite de Bourbon, duchesse de). Deux portraits où elle est représentée en deux différents âges (fac-similé de dessins de la collection Lenoir).

1234 — *Noblet* (Mlle), de l'Académie royale de musique, par Grevedon. — *Northumberland* (Elisabeth, comtesse de), par Houston, d'après Reynolds. Deux pièces.

Belles épreuves.

1235 — *Oginscy* (le comte et la comtesse), en pied, gravé en couleur par Schiavonetti, d'après R. Cosway.

Superbe épreuve. Rare.

1236 — *Oligny* (Mlle d'), actrice, gravé par Huber, d'après Mlle Vanloo, in-fol.

Très belle épreuve, avec marge.

1237 — *Olivier* (Mlle), de la Comédie-Française, dans le rôle de Chérubin, gravé en couleur par Coutellier.

Superbe épreuve, du 1er état, avec l'adresse du graveur. Avec marge.

1238 — Le même portrait.

Très belle épreuve, du 2mo état, avec l'adresse de Mondhare. Marge.

1239 — *Olonne* (la comtesse d'), par Ceroni, d'après Petitot, avant la lettre, sur chine. — la même personne, publiée dans la suite d'Odiœuvre. — *Orléans* (Anne-Marie-Louise d'), duchesse de Montpensier. Quatre portraits différents, par Boissevin, Filleul, Lefèvre et Ceroni, d'après Petitot, en épreuve avant la lettre, sur chine. Six pièces.

1240 — *Orléans* (Marie de Bourbon-Montpensier, duchesse d'), première femme de Gaston, frère de Louis XIII. Gravé par Regnesson. In-fol.

Très belle épreuve, grandes marges.

1241 — *Orléans* (Anne-Marie-Louise d'), duchesse de Montpensier. Gravé par Van Schuppen. In-fol.

Belle épreuve.

1242 — Le même personnage, gravé par Falck, d'après Juste d'Egmont. In-fol.

Très belle épreuve.

1243 — Le même personnage, par Tournheysen. In-fol.

Très belle épreuve, avec marges.

1244 — Le même personnage, gravé par Vermeulen, d'après Rigaud. In-fol.

Très belle épreuve.

1245 — *Orléans* (Henriette-Anne d'Angleterre, duchesse d'), par Mellan. — *Orléans* (Charlotte-Elizabeth de Bavière, duchesse d'). Deux portraits différents, par de Lermessin et Guibert. Trois pièces.

1246 — *Orléans* (Charlotte-Elizabeth de Bavière, duchesse d'), gravé par Simonneau, d'après Rigaud. In-fol.

Belle épreuve.

1247 — *Orléans* (Louise-Adelaïde d'), abbesse de Chelles, d'après Gobert, par Drevet. In-fol.

Belle épreuve.

1248 — *Orléans* (Louise-Henriette de Bourbon-Conti, duchesse d'), gravé par Petit, d'après Pottier. In-fol.

Belle épreuve.

1249 — *Orléans* (Louise-Marie-Adelaïde de Bourbon-Penthièvre, duchesse de Chartres), gravé par Henriquez d'après Duplessis. In-fol., en largeur.
Très belle épreuve avant toutes lettres.

1250 — Le même portrait.
Très belle épreuve, avec la lettre.

1251 — Le même personnage. Deux portraits différents, par Mecou et Robert, d'après Dumeray et David.
Belles épreuves.

1252 — *Narcisse* (nègre de Madame la duchesse de Chartres-Orléans), gravé par Mondet, d'après De Lorme. In-fol.
Très belle épreuve, avec marges. Rare.

1253 — *Pécoil* (Mme de), avec son nègre, gravé par Vallée, d'après Rigaud. In-fol.
Très belle épreuve, avec marge.

1254 — *Parkyns* (Mistress), gravé par C. Wilkin, d'après Hoppner. In-fol.
Très belle épreuve.

1255 — *Parme* (le duc et la duchesse de). Deux portraits en pied, publiés chez Bonnart.
Belles épreuves.

1256 — *Le Petit* (Mme), gravé par A. Trouvain. In-fol.
Très belle épreuve, du 1er état, avant la lettre.

1257 — Le même portrait.
Belle épreuve, avec la lettre.

1258 — *Platoff* (Miss), jeune femme russe qui avait offert sa personne et 50,000 roubles à celui qui réussirait à tuer le général Bonaparte, gravé par Godby, d'après Paul Svinin. In-fol. en couleur.
Très belle épreuve, avec marge.

1259 — *Plessy* (Anne de). — *Pompadour* (Suzanne Descars, dame de). Deux portraits, fac-similés de la collection Lenoir. — *Polignac* (la marquise de), en pied, par Bonnart. Trois pièces.

1260 — *Pompadour* (la marquise de), gravé par Moitte. In-4°.
Superbe épreuve avant toutes lettres, marges. Rare.

1261 — *Pompadour* (la marquise de), en jardinière, d'après C. Vanloo. In-fol.
Très belle épreuve avant la lettre. Rare.

1262 — La même personne, gravé par Littret, d'après Schénau. In-4°.
Très belle épreuve, avec marge.

1263 — La même personne, gravé par Le Beau, d'après Queverdo. In-8.
Belle épreuve, avec marges.

1264 — La même personne. (Fac-similé de la collection Lenoir). In-fol.

1265 — *Vertumne et Pomone*, gravé par Petit, d'après Dulin. In-fol. D'après les notes de Jombert les deux femmes représentées sur cette estampe seraient MM^{mes} de Pompadour et de Mailly).
Très belle épreuve, avec marge.

1266 — Buste gravé aux trois crayons par Demarteau, avec chapeau bergère sur la tête, d'après Fredou. (Étude pour un portrait de Mme de *Pompadour*.
Très belle épreuve.

1267 — Mme de *** en habit de bal, gravé par Surugue, d'après Coypel. In-fol. D'après une copie du temps de ce portrait, qui passe toujours pour être Mme de Monchy, nous le donnons comme Mme de *Pompadour*, en nous basant sur cette copie, sur laquelle sont inscrits les noms de Mme de Pompadour, et aussi sur l'avis de Heinecken qui la déclare comme telle. La copie est jointe à l'original.
Superbe épreuve, avant toutes lettres, marge.

1267 *bis* — La même estampe.
Très belle épreuve, avec la lettre.

1268 — *Pompadour* (la marquise de). Sept portraits différents par Lefèvre, Massard, Ceroni, Flameng, Pauquet, etc.

1169 — Estampe allégorique pour la convalescence de Mme de Pompadour, par C.-N. Cochin, 1764. Voir la description de cette pièce dans le cat. de l'œuvre de Cochin, par Jombert, n° 278.

Superbe épreuve d'une pièce de la plus grande rareté.

1270 — La Constance. — La Fidélité. (Portraits de Mimi et d'Inès, chiens de Mme de Pompadour). Deux pièces gravées par Fessard, d'après Huet.

1271 — Vues du château de Bellevue. — Pavillon de Mme de Pompadour, à Fontainebleau. — Vue générale de Fontainebleau. Quatre pièces.

1272 — *Pond* (Miss), par Spilbury. — *Powel* (Miss Harriot), par Houston, d'après Read. Deux portraits. In-fol., manière noire.

Très belles épreuves.

1273 — *Portland* (Maria, recte frances Stuart, comtesse de), gravé par Hollar, d'après Van Dyck. Épreuve du premier état avec l'adresse. — *Portsmouth* (la duchesse de), par Ceroni, d'après Petitot. Épreuve avant la lettre, sur chine. Deux pièces.

1274 — *Powell* (Miss Harriot), par Houston, d'après Read. In-fol., manière noire. Deux épreuves, dont une avant la lettre et l'autre avec.

Très belles épreuves.

1275 — *Preville* (Mlle Angélique Drouin, femme de), comédienne française, gravé par J.-B. Michel, d'après Colson. In-fol.

Belle épreuve.

1276 — La même personne, représentée dans la comédie de l'Écossaise, gravé par Devaux, d'après Simonet. In-fol.

Belle épreuve, avec marges.

1277 — *Price* (Lady Caroline), gravé par J. Jones, d'après J. Reynolds. In-fol.

Belle épreuve.

1278 — *Rachel* (Mlle), tragédienne célèbre, gravé par
H. Dupont, d'après Lehmann. Deux épreuves sur chine,
dont une du premier état publiée par l'artiste et l'autre
avec l'adresse de Cadart, plus deux autres portraits de la
même femme, par Salabert et Deveria. Quatre pièces.

1279 — *Radix* (Marie-Elizabeth Denis, femme de M.), gravé
par Saint-Aubin, d'après Cochin. — *Rambouillet* (Julie-
Lucène d'Angennes, demoiselle de). Deux portraits. In-8.

1280 — *Raucourt* (Mademoiselle), de la Comédie-Française,
dans un médaillon ovale reposant sur un cartouche où elle
est vue dans un de ses principaux rôles, d'après Moreau
et Freudeberg. In-fol.

> Très belle épreuve, grandes marges.

1281 — Le même portrait, gravé par Lebeau, de format in-8.

> Très belle épreuve.

1282 — La même personne, gravé par Ruotte, d'après Gros.
In-fol.

> Belle épreuve.

1383 — *Renaut* (Mlle) l'aînée, de la Comédie-Italienne, par
Bréa. In-4°.

> Belle épreuve.

1284 — *Renée* d'Anjou, duchesse de Ferrare. — *Rochechouart*
(Gabrielle de), Dame de Lamsee. Deux portraits différents.
Trois pièces, fac-similés de la collection Lenoir.

1285 — *Richelieu* (la marquise de), *Rochois* (Mlle), chantant à
l'Opéra. Deux portraits en pied, de la collection Bonnart.

> Belles épreuves.

1286 — *Richmond* (la duchesse de), assise sur un fauteuil, gravé
en couleur, d'après A. Kauffmann. In-fol.

> Belle épreuve.

1287 — *Rigaud* (Maria Serre, mère de H.), gravé par P.
Drevet. In-fol.

> Très belle épreuve, marge.

1288 — *Robinson* (M^{rs}), maîtresse du prince de Galles (Georges IV), par Dickinson, d'après Reynolds. In-fol.
Belle épreuve, avec marges.

1289 — *Rohan* (Anne de), princesse de Guémené, par F. Poilly, d'après Cotelle. In-fol.
Belle épreuve, avec marge.

1290 — *Roiston* (les enfants de lord), gravé par Fischer, d'après Reynolds. In-fol.
Très belle épreuve, avec marge.

1291 — *Rubens* (Helena Forman, femme de), par Dickinson, d'après Rubens. In-fol., manière noire.
Très belle épreuve avant la lettre.

1292 — *Ruthven* (Lady Mary), femme d'Ant. Van Dyck, par S. A. Bolswert, d'après Van Dyck.
Très belle épreuve, du 1er état, avec deux lignes de titre seulement et avant les lettres G. H.

1293 — Le même portrait.
Belle épreuve, du 2me état, avec les lettres G. H. et trois lignes de titre.

1294 — Le même personnage, d'après Van Dyck, gravé par J. Meyssens.
Très rare épreuve, du 1er état, avec l'adresse de Meyssens.

1295 — *Sabran* (la marquise de), gravé par Berger, d'après Mme Vigée-Lebrun. In-fol., en buste.
Très belle épreuve.

1296 — Le même portrait. Imprimé en noir.
Superbe épreuve, toutes marges.

1297 — *Saint-Asaph* (Charlotte, vicomtesse de), gravé par Wilkin, d'après Hoppner. In-4°, en couleur.
Superbe épreuve, avant la lettre, lettres tracées.

1298 — *Saint-Aubin* (Mme), du théâtre de l'Opéra-Comique, gravé par Alix, d'après Garneray. In-fol., en couleur.
Très belle épreuve.

1299 — La même, gravé par Audouin. In-4°.

1300 — *Saint-Huberti* (Mme), de l'Académie royale de musique, gravé par Colinet, d'après Le Moine. In-8. — La même, réprésentée dans les rôles de Pénelope et d'Iphigénie. In-8, en couleur. Trois pièces.

> Belles épreuves.

1301 — *Sallé* (Mlle), célèbre danseuse, gravé par De Larmessin, d'après Lancret. Grand in-fol.

> Très belle épreuve.

1302 — *Sallé* (Mlle Marie), gravé par Petit, d'après Fenouil. In-fol.

> Très belle épreuve, du 1er état, avec ce titre : Mlle M^rie Sallé, la Terpsicore française. Dans cet état elle est tête nue.

1303 — La même.

> Épreuve du 2me état, la tête coiffée d'un chapeau et le titre changé en celui de : l'Après-diné.

1304 — *Salmon* (Marie-Françoise-Victoire), déclarée innocente devant le Parlement de Paris, gravé par Patas, d'après Binet. In-fol.

> Très belle épreuve, avec marge.

1305 — *Sancy* (Marie Moreau, dame de), par T. Van Meerleen. In-fol.

> Bonne épreuve.

1306 — *Sand* (Mme G.), gravé par Calamatta en 1836. In-8.
> Très belle épreuve avant la lettre.

1307 — La même, gravé par Calamatta en 1840. In-fol.
> Belle épreuve.

1308 — La même, d'après David d'Angers et par Desmadryl, d'après Charpentier. Deux pièces.

1309 — *Sauves* (Mme de). Fac-similé de la collection Niel, première épreuve. — *Savoye* (Mme la duchesse de), en pied, par Trouvain. — *Scudéri* (Mme de), par Wille. Trois pièces.

1310 — A Lady and Child (M^ess *Seaforth* et son enfant), par Grozer, d'après Reynolds. In-fol.
> Très belle épreuve.

1311 — *Sefton* (la comtesse), représentée en pied, gravé par Dickinson, d'après Cosway. In-fol. en couleur.

Très belle épreuve avant la lettre.

1312 — *Seignelay* (Mme de), en pied, par Trouvain.

Belle épreuve.

1313 — *De Seine* (Catherine), épouse du sieur Dufresne, gravé par Lepicié, d'après Aved. In-fol.

Très belle épreuve, avec marge.

1314 — *Serment* (Louise-Anastasie de), par Habert, d'après Lefebvre. In-fol.

Belle épreuve.

1315 — *Seroux-d'Agincourt*, gravé par Houel. In-4.

1316 — *Sévigné* (Marie de Rabutin-Chantal, marquise de), par N. Edelinck, d'après Nanteuil. In-8.

Superbe épreuve, du 1er état, avant le trait d'union entre les mots Rabutin et Chantal. Marge.

1317 — La même, par Schmidt. In-8.

Bonne épreuve.

1318 — La même. Deux portraits différents, par Ceroni. Épreuves avant la lettre, sur chine, une double sur grand papier. — La même, par Saint-Aubin. Quatre pièces.

1319 — Sainte-Cécile (M^ess *Sheridan*). Gravé par Watson, d'après Reynolds. In-fol. en bistre.

Belle épreuve.

1320 — *Silvia* (N.), actrice, par Surugue, d'après de La Tour. In-fol..

Belle épreuve.

1321 — *Simier* (Mme de). Fac-similé de la collection Niel. Ancienne épreuve.

1322 — *Solms* (Amélie de), princesse d'Orange, gravé par Delphe, d'après Mierevelt. In-fol.

Belle épreuve.

1323

1323 — La même, peinte et gravée une seconde fois par les mêmes artistes. In-fol.

Belle épreuve.

1324 — *Sophie-Charlotte* de Mecklenbourg, reine d'Angleterre, par Dupin. In-8. — *Sophie-Dorothée* de Brunswick, reine de Prusse, par Houbraken. In-4. Deux pièces.

Bonnes épreuves.

1325 — *Sophie-Hedvige*, duchesse de Brunswick-Lunebourg, comtesse de Nassau. Gravé par Delphe, d'après Mierevelt. In-fol.

Belle épreuve.

1326 — *Spencer* (la comtesse de), par Bonnefoy, d'après Reynolds. In-4.

1327 — *Spencer* (Lady Georgiana, vicomtesse de), par Watson. d'après Reynolds. In-fol. — La même, avec sa fille, par S. Paul, d'après Reynolds. In-fol. Deux pièces.

Belles épreuves.

1328 — *Spencer* (Lord Henry, lady Élisabeth et lord John), représentés dans des rôles de comédie. Gravé par Jones, d'après Roberts. In-fol. en largeur.

Très belle épreuve.

1329 — *Stuart* (Miss), par Green, d'après Willison. In-fol. manière noire.

Belle épreuve.

1330 — *Sulgher* (Fortunata), par Morghen, d'après A. Kauffmann. Iu-8.

Belle épreuve, avec marge.

1331 — *Sunderland* (la comtesse de), par Lombard, d'après Van Dyck. In-fol. — *Suze* (Mme de la), par Ceroni, d'après Petitot. Épreuve avant la lettre, sur chine.

1332 — *Taglioni* (Marie), célèbre danseuse, lithographie de Delpech. — La même, dans le ballet de la Sylphide, par Deveria. Deux pièces in-fol.

1333 — *Tassis* (Marie-Louise de), debout, d'après A. Van Dyck, par Vermeulen. In-fol.
Très belle épreuve, du 1er état, avant toutes lettres.

1334 — Le même portrait.
Belle épreuve, avec la lettre.

1335 — *Tastu*, — de *Tencin*, — de *Thianges*. Quatre portraits. Celui de Mme de Thianges gravé par Ceroni, avant la lettre.

1336 — *Thérèse de Jésus* (la Mère), fondatrice de l'ordre des Carmélites, par Wierix. In-8.
Belle épreuve.

1337 — *Thou* (Gasparde de la Chastre, dame de). Deux portraits différents, — *Touchet* (Marie). Trois portraits fac-similés de la collection Lenoir.

1338 — *Titon* (Marguerite Bécaille, veuve de Maximilien). Gravé par Desplaces, d'après Largillière. In-fol.
Belle épreuve.

1339 — *Ulrique-Eléonore*, reine de Suède, par Gole. In-fol.

1340 — *Urphé* (Geneviève d'), veuve de Charles-Alexandre, duc de Croy, par P. de Jode, d'après Van Dyck. In-fol.
Belle épreuve, avec les lettres G. H.

1341 — *Vallayer-Coster* (Anne), de l'Académie royale de peinture, gravé par Letellier, d'après elle-même. In-4.
Superbe épreuve. Rare.

1342 — *Valentinois* (Mme la duchesse de) en habit de bal, chez Mariette. — *Valois* (Mlle de), par Ceroni, d'après Petitot. Epreuve avant la lettre. Deux pièces.

1343 — *Vanloo* (Mlle), gravé par Basan, d'après Vanloo. In-fol.
Belle épreuve.

1344 — *Vanloo* (Mlle), gravé au crayon rouge, par Bonnet, d'après C. Vanloo. In-fol.
Belle épreuve, avec marge.

1345 — *Vassent* (Catherine), dite l'héroïne de Noyon, gravé en couleur, par Briceau, plus la gravure en couleur représentant son trait de courage. Deux pièces.
Belles épreuves.

1346 — *Verrue* (Jeanne d'Albret de Luynes, comtesse de), par L. Gaucherel. In-8. — *Victoria*, reine d'Angleterre, par Lewis. Epreuve lettres grises. Deux pièces.

1347 — *Verthamon* (Mme de), nièce de M. de Julienne, gravé par B. Audran, d'après Watteau, sous le titre de : *Retour de chasse.*
Superbe épreuve, grandes marges.

1348 — *Victoire-Julie de la Rovère*, grande duchesse de Toscane, par Vouillemont (R. D., 63). In-fol.
Belle épreuve.

1349 — *Victoria Roborea*, fille du duc d'Urbin, par Haluech. In-fol.
Belle épreuve.

1350 — *Villeneuve-Vence de Saint-Vincent* (dame Julie de), petite-fille de Mme de Sévigné, par Romanet. In-4.
Très belle épreuve, du 1er état, avec l'adresse de l'auteur. Marge.

1351 — Le même portrait.
Très belle épreuve, avec l'adresse effacée. Marge.

1352 — *Villeroy* (Magdeleine de Crequy, duchesse de), par Van Meerlen. In-fol.

1353 — *Villeroy* (Mme de), née Madeleine de Auberspine. — *Vivone* (Mme de). Deux fac-similés de la collection Lenoir. — *Vintimille* (Mme de), par Ceroni. Epreuve avant la lettre, sur chine. Trois pièces.

1354 — *Villiers* (lady Gertrude), gravé par Wilkin, d'après Hoppner. In-4.
Très belle épreuve.

1355 — *Waldegrave* (Maria, comtesse de) et son enfant, par Houston, d'après Reynolds. In-fol.
Très belle épreuve, avec marge.

1356 — *Warthon* (la marquise de), gravé par Earlom, d'après P. Lely. In-fol.
Belle épreuve.

1357 — *Willelmine-Amélie* d'Hanover, épouse de Joseph Ier, roi des Romains. Trois portraits différents, en pied, publiés

chez Bonnart, Mariette et Trouvain. In-fol. — Joseph Ier,
roi des Romains. Chez Mariette. In-fol. Quatre pièces.

> Belles épreuves.

1358 — *Wright* (les enfants du peintre), représentés dans un
paysage, jouant avec un mouton, gravé par Green. In-fol.,
manière noire.

> Très belle épreuve.

1359 — Portrait de femme faisant de la peinture. — Portrait
de femme en buste dans un médaillon. Deux pièces.

> Très belles épreuves, sans aucunes lettres.

1360 — Portrait de femme, en buste, dans un médaillon rond,
gravé par Pruneau, 1774, d'après Dumont.

> Belle épreuve, avec marges.

1361 — Portrait d'une femme, vue de face, et portant un col-
lier de perles, gravé par Frye en 1760. In-fol., manière
noire.

> Très belle épreuve, avec marges.

1362 — Deux jeunes enfants, dans un paysage, s'amusent avec
un chien. Gravé par Watson. In-fol., manière noire.

> Très belle épreuve.

1363 — La petite Rusée et autres portraits d'enfants, gravés
par Bause, d'après Reynolds. Trois pièces.

> Belles épreuves, avec marges.

1364 — Portraits d'après Titien, G. Dow, etc. Six pièces, dont
quatre avant la lettre.

> Belles épreuves.

1365 — Portraits des femmes célèbres de la cour de Henri VIII.
Onze pièces, fac-similés aux trois crayons, d'après les dessins d'Holbein.

> Belles épreuves.

1366 — Sous ce numéro, il sera vendu un lot de portraits de
femmes, anciens et modernes.

Paris. — Typ. PILLET et DUMOULIN, rue des Grands-Augustins, 5.